Criando Hijos En Tiempos Difíciles
Por: Rebeca Rodríguez M.
Primera edición Primavera del 2023
Copyright 2023

Editor: Pedro Torres Pereira
Corrección: Yurani Ledezma
Diseño: Daniel Morales

Library of Congress: Control number in process. Todos los derechos de este libro están reservados bajo la Ley de "Copyright Internacional". Ninguna parte de esta publicación puede ser reproducida, almacenada en un sistema electrónico o transmitida en cualquier forma o por cualquier medio, electrónico, de fotocopia, grabación o cualquier otro, sin el previo permiso escrito del autor. Prohibida su reproducción total o parcial sin permiso escrito del autor. Y a menos que se indique otra cosa, las referencias bíblicas han sido tomadas de la versión Reina y Valera Revisada 1960. Sociedades Bíblicas Unidas

Diseño y diagramación:

"Le ayudamos a desarrollar el sueño de escribir su libro"

3313 Gilbert Rd, Grand Prairie TX 75050
Tel. (214) 529 2746
www.mpg-usa.com

Impreso en

Printed in USA

CRIANDO HIJOS EN TIEMPOS DIFÍCILES
REBECA RODRÍGUEZ M.

*Si crees que puedes… puedes.
"Jesús le dijo: Si puedes creer,
al que cree todo le es posible".
(Marcos 9:23)*

CONTENIDO

A. Introducción Pág. 11
B. Con agradecimiento Pág. 13
C. Palabras de mis hijos Pág. 17
D. Mi esposo Pág. 27

1. PÁG. 31
LA HISTORIA
MI HISTORIA DE VIDA

2. PÁG. 37
SI CREES DE CORAZÓN, PUEDES
La fe hace que hagas propósitos y metas en Dios para alcanzar tu objetivo

3. PÁG. 43
EL CREER TIENE UN ENEMIGO: LA DUDA
Tu fe peligra al dudar

4. PÁG. 47
EN EL CREER HAY QUE CUIDAR
Cuida a tus hijos de las malas influencias

5. PÁG. 57
EN EL CREER NO HAY LÍMITES
Se hace lo que se debe hacer

6. PÁG. 67
EN EL CREER HAY BATALLAS
Enfrentando mis batallas en el closet

7. PÁG. 73
CUANDO CREES, NO HAY OBSTÁCULOS QUE TE DETENGAN
Aunque estés solo, los puedes vencer

8. PÁG. 83
CUANDO CREES, ELLOS SON MARCADOS
Buscando experiencias sobrenaturales en Dios

9. PÁG. 95
CUANDO CREES ACTÚAS
Actuamos en instruir altares familiares.

10. PÁG. 103
CUANDO CREES ELLOS SON PROYECTADOS
Los formamos y dirigimos como una flecha hacia un punto específico

11. PÁG. 111
EN EL CREER HAY REVELACIÓN
Teniendo una conexión directa con Dios

12. PÁG. 119
CUANDO CREES DAS IDENTIDAD
A imagen y semejanza de Dios

13. PÁG. 129
CUANDO CREES PERSISTES
Porque mientras hay vida hay esperanza

14. PÁG. 141
CUANDO CREES, ACEPTAS EL RETO
A veces los regalos de Dios vienen con un gran reto

15. PÁG. 149
CUANDO CREES TE DELEITAS
Cuando la palabra de Dios es nuestro deleite

16. PÁG. 157
CREER HASTA QUE CRISTO
sea formado en nosotros

17. PÁG. 163
CUANDO CREES NO HAY DISTANCIAS
Damos la milla extra

18. PÁG. 171
EN EL CREER SE PROTEGE EL CORAZÓN
Las relaciones sentimentales

19. PÁG. 181
EN EL CREER HAY ESPERANZA
Nunca es tarde para llevar nuestros hijos a Dios

20. PÁG. 191
CUANDO CREEMOS, DEJAMOS LEGADO
Les transmitimos para nuestras generaciones

21. PÁG. 201
CUANDO CREEMOS, LOS PREPARAMOS
Para el día malo

22. PÁG. 207
EN EL CREER SON BENDECIDOS
Material, espiritual y físicamente

23. PÁG. 211
EN EL CREER, SE VIVE EN LIBERTAD
Tomando autoridad espiritual

24. PÁG. 219
EN EL CREER HAY UN ESPEJO
¿Qué estamos reflejando?

25. PÁG. 229
EN EL CREER HAY HERMOSURA
Nuestras niñas

26. PÁG. 241
EN EL CREER NO HAY CONFLICTOS
Ellos son alejados

27. PÁG. 251
EN EL CREER HAY TIEMPO
Nuestro trabajo

INTRODUCCIÓN

"Jesús les dijo: Por vuestra poca fe; porque de cierto os digo que, si tuviereis fe como un grano de mostaza, diréis a este monte: Pásate de aquí allá, y se pasará; y nada os será imposible". Mateo 17:20

Las palabras de este libro han sido escritas y guiadas por Dios ya que los temas están respaldados y basados en la santa Biblia. Antes de escribirlo lo dediqué a Dios en oración porque el mayor anhelo de mi corazón y de mi alma es que muchos PADRES tomen el reto y fortalezcan su FE, de tal manera que puedan declarar y hacer promesa al Señor Jesús de que sus hijos son y serán de Dios todos los días de sus vidas.

Mi historia es la de una madre de cinco hermosos y maravillosos hijos, los cuales sirven a Dios. Algunos de ellos, apasionados por las almas, han aceptado el llamado para ejercer el ministerio como ministros ordenados al pastorado a tiempo completo; otros sirven al Señor Jesús en diferentes ministerios, pero todos ellos, desde su nacimiento hasta el día de hoy, han sido, son y serán de Dios todos los días de su vida.

Al escribir cada palabra de este libro he deseado que tú (padre o madre), como guía espiritual de tu casa, seas fortalecido, motivado e inspirado para que esa FE, como un grano de mostaza, se accione y te motive a decirle a ese deseo o a ese imposible que se realice, ya que si crees que puedes, puedes.

Ese milagro esperado llegará a tu vida. Te presento entonces a un Dios que es el mismo ayer, y hoy, y por los siglos. El mismo Dios que yo tengo, el que me ayudó por tantos años y al que vi obrar en cada situación de mi vida y dentro de mi hogar, es el mismo que hoy te testifico que nunca cambia.

Aunque las generaciones cambien, nuestro Dios sigue siendo el mismo.

El Señor Jesús te dice hoy, fortalece tu fe porque si crees que puedes...puedes.

CON AGRADECIMIENTO

Doy gracias a Dios por su gran amor, bondad y misericordia para conmigo y para con los míos. Nunca imaginé que al tener una niñez, una adolescencia, una juventud y parte de la edad adulta con tantas dificultades y situaciones difíciles (varias de ellas traumáticas) pueda hoy tener resultados tan hermosos, tan bendecidos, tan especiales y de tanta satisfacción.

Pero todo esto solo se puede lograr cuando ponemos toda nuestra vida, todo nuestro caminar en las manos de un Dios Todopoderoso y maravilloso. El Dios que convierte todo lo malo que nos llega a nuestra vida en algo bueno. Salmo 30:11 dice: *"Has cambiado mi lamento en baile; desataste mi cilicio, y me ceñiste de alegría"*.

Por eso, mi mayor y primer agradecimiento es a ese ser único y verdadero cuyo nombre es Jesús.

Doy gracias a mis hijos pues ellos me animaron mucho a escribir un libro donde les dejara consejos y guianza para sus hijos un manual con enseñanzas sobre cómo y qué hacer, porque eduqué de una manera que los resultados fueron los mismos en todos ellos. Fueron impactados por Dios desde su niñez hasta el día de hoy, así que ellos quieren que sus hijos experimenten esa misma bendición.

Escribiendo este libro para mis hijos nació la idea de compartirlo con muchos padres para que también sean bendecidos con estas palabras de un testimonio verdadero que fortalecerá su fe, y sin dudar mirarán a Dios obrando en la vida de sus hijos.

Agradezco a mi amado esposo y a mis hijos que siempre me apoyaron a escribir parte de mis memorias con enseñanzas que sean testimonio para ti hoy.

Agradezco a mi familia y amigos de la fe en Cristo Jesús que siempre han estado prestos para orar por mí y darme palabras de aliento, de fortaleza, de dirección, de exhortación y de corrección. Hombres y mujeres que Dios mandó a mi vida en momentos cruciales y decisivos, en momentos de gran necesidad, personas hermosas que me ayudaron en este caminar por la vida, afirmando mi fe. Varios de ellos se han identificado conmigo, confirmando que, si crees que puedes, puedes.

Te agradezco, que en tu búsqueda y deseo por ser mejor padre, hayas tomado la decisión de adquirir este libro y tomado el tiempo para leerlo y así continuar aumentando tu fe. Este libro está inspirado por Dios y te ayudará a creer que es posible conducir a tus hijos al conocimiento y a una estrecha relación con Él.

Es mi mayor deseo poder darte una luz o un empujoncito a CREER.

Ya que si crees que puedes…puedes.

PRÓLOGO
PALABRAS DE MIS HIJOS

Eduardo A. Rodríguez

En Criando hijos en tiempos difíciles no solo vas a leer las palabras de una mujer experimentada en el área de la crianza de sus hijos sino, que también verás la vida de una adolescente criando a dos bebés con un corazón saturado de conflictos personales, matrimoniales y espirituales. Desde niño mi madre era el centro de la vida de mis hermanos y de la mía, la veíamos como nuestra heroína; no obstante, a medida que crecíamos comenzamos a conocer la realidad de nuestra familia me di cuenta de todas las situaciones adversas que tuvo que pasar y que la formaron como la madre que conocemos hoy.

En vez de confundirme o sentir alguna clase de desilusión todo esto me hizo ver lo privilegiado que soy. Me siento orgulloso de tener a Rebeca como mi madre.

La mujer que veíamos como invencible e incansable comenzaba a abrir su corazón y a verse más vulnerable. A medida que crecíamos (de acuerdo a nuestra edad) ella tomaba tiempo para explicarnos lo complejo de su historia y los procesos tan duros que tuvo que pasar.

Con una vida tan confusa, ella tenía todos los ingredientes para haber fracasado como esposa y madre.

Esta historia habría tenido un final triste si no fuera porque, en la escena principal del drama, aconteció un gran suceso: esta jovencita tomó la decisión de atender al mensaje que tanto había escuchado en la boca de su padre misionero pero que no había logrado comprender plenamente. Este mensaje es: Jesucristo es el Salvador de nuestras almas y el que libra de la condenación eterna. Jesús es el único que puede llenar los vacíos, sanar las heridas, transformar frustraciones en bendiciones y conceder las peticiones del corazón.

Dios le retornaría a mi madre todo lo que había perdido. Dios le recompensaría su adolescencia y su juventud, el tener que madurar antes de tiempo y todo su sufrimiento y llanto.

¡El Señor cumplió su promesa! Recompensó su constancia y su dedicación plena a Él.

Mi madre vio en nosotros su deseo reflejado. Vio cómo Dios le devolvió su adolescencia y juventud en cinco hijos, restauró y fructificó su matrimonio.

El tiempo perdido o los errores cometidos fueron opacados en el brillo de las vidas bendecidas de sus cinco hijos y sus once nietos que la llaman abuela. Ahora, no solo todos sus hijos están en el camino del bien, sirviendo en el ministerio del Reino de

Dios, restaurando y fortaleciendo a muchas familias; también su segunda generación continúa por los mismos pasos de sus bisabuelos y abuelos.

Espero que este libro te inspire a criar a tus hijos para que sigan por el camino del bien con fundamentos espirituales cristianos. También te animo a creer que sí puedes tener el hogar que soñaste, que sí existe la oportunidad del cambio, que Dios es un ser de segundas oportunidades, que tus hijos serán siervos del Dios Altísimo y que llegarás a ser el padre o madre que Dios quiere que seas.

Este es el ministerio más noble e importante: Criando hijos para Dios en tiempos difíciles. ¡Ah! y a pesar de sus duras experiencias, debilidades e imperfecciones, mi madre sigue siendo nuestra heroína.

¡Te admiro madre mía!

Miguel David Rodríguez

Cuando se es niño uno mira a sus padres como seres perfectos. Luego llegamos a la adolescencia y comenzamos a cuestionar todo lo que dicen y hacen. Una de las frases que no entendía y detestaba era: Cuando seas papá entenderás... ¡Y qué irónica es la vida! Ahora que soy padre de familia esa es una de las frases que le digo ocasionalmente a mi hija adolescente.

Como padre me encuentro desconcertado al ver que el mundo va de mal en peor. Tenemos un gran reto de criar a nuestros hijos en el camino del Señor. Por eso, hoy más que nunca, necesitamos herramientas fuertes que nos ayuden a lograr este objetivo. Este libro es una de esas herramientas que muestra las vivencias de una mujer extraordinaria.

Sé que todos admiramos a nuestras madres, y como hijo me es fácil hablar maravillas de ella; pero pienso que el resultado habla por sí mismo, ya que sus cinco hijos permanecemos fieles y firmes en el camino del Señor, sirviendo activamente en su obra, y eso no se ve todos los días.

Criando hijos en tiempos difíciles, más que un libro es un poderoso testimonio de la tenacidad y determinación de una madre joven que a pesar de miles de obstáculos se propuso en su corazón una meta: mis hijos no se irán al mundo... Y lo logró.

Hoy disfruto de una preciosa familia, casado con una esposa ejemplar, con tres preciosos hijos y llevo diecisiete años en la mejor profesión del mundo: pastor de una hermosa congregación.

Todos los días le doy gracias a Dios por una madre que fue amorosa pero firme. Una mujer que pudo ayudarme a ser el hombre que soy hoy con base en consejos, ayunos, oraciones y muchas lágrimas.

Tienes en tus manos un tesoro que brilla en cada página de este libro.

Estoy convencido que en estas letras encontrarás consejos invaluables que te ayudarán a formar a tus hijos en el temor de Dios y serán de tremenda bendición, como lo han sido ya para cientos de personas.

"Se levantan sus hijos y la llaman bienaventurada; y su marido también la alaba. Dadle del fruto de sus manos, y alábenla en las puertas sus hechos". Proverbios 31:28,31.

Carlos A. Rodríguez

Después de tres hijos, diez años de matrimonio y diecisiete años pastoreando, cada vez estoy más convencido de que los métodos de crianza que mi madre utilizó con nosotros, y que enseña en este libro, siguen siendo cruciales y relevantes para el mundo hoy.

Ahora más que nunca necesitamos padres/madres con convicciones bíblicas, que amen a sus hijos lo suficiente como para invertir tiempo preparándose para criarlos con sabiduría y con la fe suficiente para creer que sí se puede educar hijos con temor a Dios en tiempos difíciles.

Molly A. Rodríguez

Lo que más me impactó de mi madre mientras crecía era ver que siempre estaba un paso más adelante de nosotros. Siempre sabía lo que pensábamos, lo que sentíamos, y aun lo que planeábamos hacer a escondidas. Para mí eso era como un súper poder que mi mamá tenía y que deseaba tener.

Cuando me convertí en mamá tenía miedo de no desarrollar ese don que nos protegió y nos guardó de muchas cosas malas que nos hubieran pasado. Ese era mi más grande temor, el no darme cuenta; pero aprendí por medio de mi madre que ese súper poder lo da Dios, la condición es siempre estar conectada con Él.

Dios nos da un discernimiento especial, también nos provee las armas espirituales para luchar por nuestros hijos y con nuestros hijos contra este mundo. No podemos sacar excusas cuando nuestros hijos se apartan del camino de Dios. Ellos son cien por ciento nuestra responsabilidad y nuestro legado.

Espero que este libro ayude a esas madres y padres que están dispuestos a luchar con todas sus fuerzas por sus hijos. Deseo que les otorgue sabiduría y valor, porque esto no es para débiles de corazón ni para padres que no quieren aprender.

Nunca dejaré de agradecer a Dios por la madre que me dio. Valoro el ejemplo tan grande y lindo que recibí de cómo debe ser una madre cristiana. Ella pudo guiar a sus cinco hijos en el camino de Dios, enfrentó etapas tan duras (como la adolescencia nuestra) al llegar a un país nuevo, con culturas y costumbres diferentes a las colombianas, como la de los "sleepovers"(que eran lo que todos los adolescentes hacían). Ella no nos permitió quedarnos en otra casa. Ella habría podido cambiar completamente su vida personal y su mundo. Creo que era la "excusa perfecta" para "descuidarnos" o dejar que nosotros nos saliéramos de sus manos, ¡pero, no! se aferró a Dios más que nunca y solo así pudo sacar a su familia adelante. Hizo todo lo que estaba a su alcance y con fuerzas sobrenaturales que solo Dios le pudo haber dado para protegernos y guardarnos para Dios.

¡Gracias mami, infinitamente gracias!

Rebecca A. Rodríguez

La crianza de mi mamá en simples palabras es dedicación, amor, y paciencia.

Gracias a Dios que hasta el día de hoy tengo una mamá dedicada en cada aspecto de mi vida. Desde muy pequeña recuerdo que mi mamá hacía trabajos bastante pesados que le tomaban mucho tiempo, pero a pesar de ello sacaba sus espacios para enseñarme quién era Dios y como tener una relación personal con Él.

Su dedicación a tener una relación personal con Dios y a vivir experiencias con Él, me inspiraron y motivaron a buscarlo.

El amor de mi mamá hacia mis hermanos y hacia mí fue y es un amor sin condición.

Pienso que ese amor tan puro para con nosotros fue lo que le ayudó bastante para conducirnos al camino correcto, o sea, hacia Dios.

Recuerdo que me dijo lo siguiente: "Yo no soy tu amiga; soy tu mamá. Ahorita no lo entiendes, pero va a llegar el momento en el que entenderás el por qué te corrijo". Hoy gracias a Dios entiendo el porqué, y le agradezco.

La palabra de Dios en Proverbios 3:12, dice que el Señor corrige al que ama, y mi mamá hizo en su momento lo mismo. Si mi mamá me veía haciendo algo indebido, me corregía con la palabra de Dios.

Se me viene a la mente un versículo que aprendí de una enseñanza muy linda que se encuentra en Hechos 20:32, y dice así: "Y ahora, hermanos, os encomiendo a Dios, y a la palabra de su gracia, que tiene poder para sobreedificar y daros herencia con todos los santificados".

Ella, siendo una mujer tan sabia y virtuosa, cumplió este versículo y nos ayudó a encomendarnos a Dios y su Palabra, lo que en definitiva edificó nuestras vidas espirituales.

Por último, quiero resaltar su paciencia conmigo mientras pasaba por mis momentos de rebeldía y luchaba con mi carácter. Cuando pienso en ese tiempo, siento vergüenza al recordar mi falta de prudencia al tomar decisiones; pero gracias a Dios tuve una mamá con mucha dedicación, amor y, sobre todo, paciencia. Creo que tener paciencia es difícil porque uno no sabe hasta cuándo hay que esperar, a pesar de todo, mi mamá me tuvo paciencia y oró por mí.

Recuerdo que solía repetirme muchas veces la historia de Daniel. Me contaba que él propuso en su corazón no contaminarse con la comida del rey. Me decía que yo también podía hacer lo mismo y no contaminarme con lo del mundo. También me contaba la historia de Samuel, de cómo fue escogido por Dios y lo especial que era. Estas historias de la Biblia y la manera como mi mamá me las explicaba, me hacían sentir especial. Estos relatos me hacían pensar que yo también podía ser como ellos, o mejor.

En conclusión, te animo a compartir este libro con tus amigos y familiares. Te aseguro que será de gran bendición también para ellos.

Mi mamá no es perfecta y cometió errores como todo ser humano. No obstante, su dedicación, amor y paciencia la ayudaron a criar cinco hijos en el temor de Dios. Yo sé que este libro también te ayudará a hacer lo mismo. Si crees que puedes... puedes. ¡TÚ PUEDES!

MI ESPOSO

"Como saetas en mano del valiente, así son los hijos habidos en la juventud. Bienaventurado el hombre que llenó su aljaba de ellos" Salmos 127:4-5

Mis padres fueron enviados desde Colombia como misioneros a la ciudad de Piura, en el Perú. Siendo única hija, y con tan solo catorce años, no fue fácil para mí adaptarme a ese cambio de vida; pero como toda una adolescente lo que sí tenía a mi favor era que podía hacer amistades fácilmente. Un día estaba sentada afuera de la casa con unas amigas, entonces pasó un muchacho al cual mis amigas llamaron y me lo presentaron. Me llamó mucho la atención sus ojitos chinitos y su sonrisa. Él fue muy amable conmigo y, sin pensarlo, fui poco a poco deseando pasar más tiempo con él. Mi madre aprobaba esa amistad, así que me permitió salir con él. Sostuvimos una amistad por más de un año, y cuando cumplí los dieciséis me casé con él y hasta el día de hoy es mi esposo, y por la gracia de Dios tenemos cinco hijos maravillosos.

Con esta introducción, deseo decirle a mi esposo que a pesar de las luchas y dificultades que pasamos a través de todos estos, más de cuarenta años de matrimonio, Dios siempre ha estado con nosotros ayudándonos en cada decisión y situación que enfrentamos juntos.

Sé lo orgulloso, feliz y bienaventurado que te sientes con todos los hijos que el Señor Jesús te ha regalado. Gracias por tu buen ejemplo. Tus hijos te recuerdan como un hombre proveedor responsable y disciplinado.

También deseo darte a ti, lector, una breve explicación de este maravilloso libro donde he podido aplicar principios bíblicos que he usado como una guía y ayuda en la crianza de hijos en tiempos difíciles.

Quiero contarte también que durante la lectura podrás observar en mis experiencias al conducir a mis hijos a Dios, que me encontraba sola como madre en esta gran travesía de educación cristiana. Cuando me casé mi esposo no era cristiano. La que tenía formación cristiana era yo, aunque en ese tiempo tampoco había decidido entregar mi vida a Jesús.

Desde el día que me casé entendí que el matrimonio era para toda la vida y que ambos viviríamos consecuencias difíciles por ser tan jóvenes e inmaduros, sobre todo porque nuestra unión era desigual ya que yo conocía al Dios de la Biblia, pero mi esposo al de la religión tradicional de sus padres. Había una gran diferencia entre nosotros en cuanto a creencia, cultura, idiosincrasia, modismos, crianza y otras cosas más.

Fue muy difícil, pero el único que pudo ayudarme fue ese Dios que mis padres me enseñaron en mi niñez. Me he aferrado completamente a Él y a su Palabra. Hasta hoy Él ha sido mi todo.

Luego de quince años de casada, mi esposo entregó su vida a Jesús (ese es otro testimonio como para otro libro), por eso los primeros quince años de vida de mis hijos fueron impactados y enseñados en principios de vida cristiana solo por mí.

CAPÍTULO 1

La Historia

MI HISTORIA DE VIDA

Muchas mujeres fuimos madres siendo unas adolescentes, enfrentándonos a un reto inesperado y totalmente desconocido.

Empecé a mis dieciséis años a gestar a mi primer hijo. Nadie me preparó, nadie me dijo qué hacer o qué no hacer; solo sabía que estaba pasando por una etapa muy hermosa en mi vida y que era algo muy normal tener un bebé en mi vientre. Mi bebé se movía mucho, parecía que estaba jugando fútbol en mi útero y a veces sacaba un codo o un pie muy fuerte dejándose sentir. Su especialidad era meterse dentro de mis costillas. A medida que crecía, resultaba más incómoda y dolorosa la posición que había tomado el bebé.

A los seis meses cargué algo muy pesado y casi lo pierdo. Estuve en reposo un tiempo, pero el niño tenía tanta prisa por salir que nació a los ocho meses. Yo no sabía el poder tan especial que se obtiene al tener a un bebé tan pequeño, indefenso y frágil en los brazos. Me aferré a él como si todo mi mundo, mi vida y mi ser fueran solo suyos. Ese hermoso bebé fue mi primogénito. Lo llamamos Eduardo Arturo Rodríguez. Para ese entonces había cumplido diecisiete años. Nunca imaginé cómo mi ser se apegaría a ese bebé, haciéndome sentir que mi existir se debía al de él. Empezó entonces en mí un sentimiento de protección y de anhelo en que este hermoso bebé creciera, no solamente sano físicamente, sino también en lo espiritual.

Necesitaba luchar con todas mis fuerzas para darle un conocimiento especial. Se trataba de conducirlo a una preciosa relación con el Dios que mis padres me habían enseñado. Era el momento de cambiar y de vivir una vida diferente a una relación más especial con mi Señor Jesús, solo así mi hijo también lo conocería.

Empecé a trabajar en ello. Fue muy difícil para mí ya que mi esposo no profesaba mi fe. Él no creía en Dios de la manera en que yo lo hacía ni conocía al Dios que yo conocía, pero el Señor fue fiel y bueno conmigo y empezó a poner todas las cosas a mi favor para hacer lo que mi corazón tanto anhelaba: entregarme a Él, seguirle y servirle.

Eduardo no tenía ni un año cuando llegó mi segundo hijo, Miguel David. Acababa de cumplir dieciocho años y ya tenía dos niños pequeños que dependían totalmente de mí. Dos niños de pañales y biberones. Uno apenas caminaba y el otro debía cargarlo. Recuerdo que solían despertarse varias veces en la noche para comer. Al otro día no me quería levantar del cansancio y solo deseaba dormir hasta tarde, pero era imposible ya que me esperaban las responsabilidades de madre y de esposa en la casa. Había que limpiar, lavar a mano la ropa y los pañales de tela de dos niños, sin contar que tenía que cocinar y atender a mi esposo.

Hago memoria de todo esto porque es posible que tú, querido lector, estés pasando por una aventura o situación parecida. Hablo con esa madre primeriza o quizás con una madre joven con varios niños. Quizás te preguntes ¿qué puedo hacer? o ¿cómo lo puedo hacer? Deseo con todo mi corazón que, al conocer mi historia y mi fe, también puedas creer que podrás ser una madre maravillosa y especial para tus hijos.

Cuando Jesús dijo: *"Si puedes creer, al que cree todo le es posible"*, así es. Yo lo he experimentado. Es una gran verdad.

Mi querida y apreciada madre, Jesús depositó en nosotras una fuerza, una resistencia, una pasión y una entereza que, combinadas con su gran poder mediante la fe en Él, activan la capacidad de ir más allá de los obstáculos, oposiciones, dolores, preocupaciones y situaciones que puedan llegar a nuestra vida. Nada ni nadie te podrá detener en lo que te propongas y desees para tus hijos, y mucho más en Dios, ya que en Él todo lo podemos. En Filipenses 4:13 dice: *"Todo lo puedo en Cristo que me fortalece…",* y cuando Dios dice TODO, es TODO.

Mis primeros dos hijos, Eduardo y Miguel David, nacieron en una hermosa ciudad llamada Piura, Perú. En el lugar donde vivía la familia de mi esposo no había una iglesia cristiana de mi misma fe, lo que me entristecía mucho porque deseaba entregarme a Jesús y comenzar a caminar con Él. Sin embargo, el Señor Jesús, quien todo lo sabe y cuida de nosotros, estaba obrando en el corazón de un familiar muy querido en mi país de origen. Este familiar sintió en su corazón escribirme una carta ofreciéndonos pasajes, viáticos y todo lo que necesitábamos para viajar a Colombia. Y como para el que cree todo es posible, tomé esa carta en mis manos, me arrodillé en mi cuarto y con lágrimas en los ojos y el corazón humillado le dije al Señor: "Permíteme regresar a mi país sin que mi esposo lo impida".

Mi maravilloso Señor arregló todas las cosas de una manera milagrosa y extraordinaria que a los pocos meses estábamos viajando de Lima a Bogotá. En la capital colombiana tuve mi encuentro con Jesús y logré entregar mi vida por completo a Él y ser bautizada en el nombre de Jesús.

Fueron años muy difíciles en mi caminar con Dios porque mi esposo no compartía mis salidas a la iglesia, ni mi cambio de vida. Antes de casarnos compartíamos muchas cosas que son normales para las personas que no conocen lo que a Dios le agrada o desagrada, pero la verdad es que ya no sentía gusto en hacerlas.

Fue un cambio bastante drástico en nuestra relación, pero como dice la Escritura: "Los que esperan a Jehová tendrán nuevas fuerzas; levantarán alas como las águilas; correrán, y no se cansarán; caminarán, y no se fatigarán". Recibía nuevas fuerzas de parte de Dios cada día para continuar mi objetivo y mi gran deseo: que mis niños crecieran conociendo a este Dios Todopoderoso y lleno de amor, ese Dios que es el único que nos promete una paz especial y un gozo que nadie nos puede quitar.

Mi gran motivación al hacer todo esto era el corazón de una madre que latía por sus hijos.

Mi tercer hijo, Carlos Alberto, y mi niña Molly Andrea nacieron en Medellín, Colombia. A mis veintitrés años tenía cuatro hijos. Todos ellos llenaron de una profunda alegría mi vida. Ellos fueron mi motor y mi razón de existir por muchos años. Mi mundo giraba alrededor de ellos, de mi esposo, de mis padres y de los negocios que el Señor Jesús por su gracia y amor me permitió tener. Me sentía muy bendecida y consentida por mi Señor Jesús.

Algo que creí con todo mi ser que sucedería, y que se cumplió, fue la conversión de mi esposo. Pasaron quince años en una oración constante por él. Mi mayor deseo siempre fue que conociera a ese maravilloso Dios que nosotros teníamos y que pudiera entender su plan de salvación. Ese día llegó y el milagro sucedió.

El Señor Jesús tocó la vida de mi esposo y junto con mis tres hijos varones entraron a las aguas del bautismo en la ciudad de Cali, con el pastor Ezequiel Otalvaro.

Luego de vivir en Cali nos mudamos a California, Estados Unidos. Catorce años después del nacimiento de mi hija Molly Andrea el Señor Jesús me permitió tener en mis brazos a una preciosa niña a quien llamamos Rebecca Amelia, "Becky".

CAPÍTULO 2

Si Crees De Corazón, Puedes

LA FE HACE QUE TE HAGAS PROPÓSITOS Y METAS EN DIOS PARA ALCANZAR TU OBJETIVO.

"Porque con el corazón se cree para justicia, pero con la boca se confiesa para salvación". Romanos 10:10

Es importante saber cómo creemos, de qué manera creemos, para qué creemos y por qué creemos; porque si hay algo que a Dios le agrada es que seamos entendidos en todo. Dios anhela que conozcamos quién es Él, cómo es Él y qué le agrada.

El día que me casé y empecé a sentir el compromiso y la gran responsabilidad que tenía, me sentí muy sola y desconcertada. No sabía qué hacer ni qué sería de mi vida, la de mi bebé y la de mi esposo. Lo único que me vino a la mente fue acordarme de ese maravilloso Dios, del que mis padres tanto me hablaron y que también enseñaban a otras personas.

Cuando era niña mis padres me regalaron una Biblia, la cual me acompañó por muchos años. Ella se convirtió en mi compañía y mi consuelo en los días difíciles, ella era el mapa que me guiaba en los momentos de confusión cuando me sentía perdida. Esa Biblia, ese libro tan pequeño con tantas palabras e historias de personas que vivían momentos y pasaban por situaciones difíciles; otras a quienes se les advertía que no hicieran lo malo, pero eran desobedientes y sufrían las consecuencias.

TODO TENÍA UN COMÚN DENOMINADOR.

Se trataba de retos similares a los que vivimos todos los seres en este mundo.

Siempre que estos personajes bíblicos se arrepentían, buscaban a Dios, confesaban su pecado y decidían cambiar su manera de pensar, de sentir y de vivir, aparecía un Dios Todopoderoso, amoroso, perdonador y restaurador que los hacía victoriosos y vencedores en medio de todo el caos que vivían.

Me identificaba mucho con esos personajes bíblicos y así lograba entender muchas cosas de mi vida. Estos espejos me guiaban hacia lo que debía y lo que no debía hacer. Dios, en su soberanía, se revelaba cada día a mi vida, haciéndose más real. Su bondad y misericordia se hacían cada día más notables en mí. Entonces empecé a creer con el corazón. Ya había en mí un sentimiento profundo. Una fe que movía montañas.

"El que cree en mí, como dice la Escritura, de su interior correrán ríos de agua viva". Juan 7:38.

Es importante creer en Dios a la manera de Dios. No se trata de creer a mi manera o creer como creía mi abuelita o como mis padres o mi vecina lo hacen. Hay que creer en Él como dice la Escritura. Cuando lo hacemos así en realidad comenzamos a entender y saber cómo creer con el corazón; porque cuando se cree conociendo el corazón de Dios y cómo es que Él actúa y cómo es que anhela que le creamos, es ahí donde podemos lograr y obtener su gracia y su favor en nuestras vidas.

Mi corazón se sentía cada vez más conectado con el Señor Jesús. Mis sentimientos y pensamientos se hacían más fuertes. No sé si te ha pasado, pero me sentía como si tuviera el poder de hacer y de ir a donde quisiera con la seguridad única que Dios estaba conmigo. Podía sentirlo dándome fuerzas y compañía. Me hacía sentir con mucha confianza y propiedad.

Cuando mis niños eran pequeños me sentía tan protegida y consentida por Dios que hice en mi corazón una promesa muy parecida a la que hizo Ana en 1 Samuel 1:1 *"E hizo voto, diciendo: Jehová de los ejércitos, si te dignares mirar a la aflicción de tu sierva, y te acordares de mí, y no te olvidares de tu sierva... yo lo dedicaré a Jehová todos los días de su vida...".*

Esa promesa la hice mía y la expresé al Señor en oración diciéndole: "Señor Jesús, si tú me ayudas en esta situación, en esta nueva vida tan desconocida para mí, entonces mis hijos son y serán tuyos todos los días de su vida".

Lo anterior no lo dije solamente de labios. Lo dije con mi mente, corazón y todo mi ser, creyendo que pasara lo que pasara, sintiera lo que sintiera, viniera lo que viniera, mi motivo de vivir era cumplirle a Dios esa promesa. Empecé a trabajar en ello mientras estudiaba la vida de Ana. Ella me enseñó muchas cosas que yo debía tener y hacer. Entendí que debía ser dedicada, así como ella lo fue con Samuel.

Mi siguiente paso fue instruir a mis hijos en el camino del Señor Jesús. Cuando aún estaban en mi vientre oraba al Señor por ellos, los entregaba a Él y declaraba que ellos eran de Dios sin ninguna duda. Cuando estaban en sus cunas, siendo bebés, les cantaba, oraba y les leía la Biblia. A medida que crecían tuvieron la disciplina y el ejemplo de estar en la iglesia, en los cultos o en los eventos que se realizaban. Nunca preguntaron por qué su papá no estaba con ellos, les hacía los momentos de Dios tan normales, tan parte de ellos, tan felices, que crecieron con la seguridad que esto era parte de sus vidas, y terminó gustándoles.

Todo el tiempo estaban conmigo, así que veían a mamá orar, cantar, leer las Escrituras y relacionarse con gozo y paz en todo lugar. El conocimiento y la relación con Dios se convirtieron en algo natural para ellos.

Con este libro: Criando hijos en tiempos difíciles, te animo a que creas de corazón. Deseo que te hagas propósitos y metas en Dios para que alcances tu objetivo, que asumas el reto de llevar a tus hijos al conocimiento pleno y verdadero de Dios. Él está y estará con ellos todos los días de sus vidas, ayudándoles en todas las dificultades que se les presente en el caminar por este mundo.

Recuerda que...
SI CREES DE CORAZÓN, PUEDES.

CAPÍTULO 3
El Creer Tiene Un Enemigo: La Duda
TU FE PELIGRA AL DUDAR

"Pero pida con fe, no dudando nada; porque el que duda es semejante a la onda del mar, que es arrastrada por el viento y echada de una parte a otra".
Santiago 1:6

Cuando tienes una idea y esta se convierte en un deseo firme y fuerte, entonces, accionas. Esa idea se convierte en un propósito que es depositado en lo más profundo de tu ser y nada ni nadie lo podrá mover de ahí. Luego, trabajas en ello y se vuelve tan real en tu vida que hasta lo expresas a todos los que te rodean.

En el desarrollo de ese propósito encontrarás personajes como el que Ana encontró en
1 Samuel 1:13-14.

"Pero Ana hablaba en su corazón, y solamente se movían sus labios, y su voz no se oía; y Elí la tuvo por ebria. Entonces le dijo Elí: ¿Hasta cuándo estarás ebria? Digiere tu vino".

Ana tenía un deseo. Ella necesitaba un hijo, y no cualquier hijo. Este debía ser varón y debía servirle al Señor. Esa idea se hizo un sentimiento tan profundo que la llevó a expresar una petición.

Ahora, debía obrar, debía hacer algo, debía accionar. En ese accionar encontró un personaje llamado Elí. Un hombre que hacía rato no escuchaba la voz de Dios, al punto que no pudo discernir que Ana no era mujer ebria e impía sino una mujer apasionada por Dios y firme en sus propósitos.

Yo también encontré varios personajes que quisieron desanimarme, desubicarme de mi accionar en Dios. Ellos querían sembrar duda y robar mi fe. Por ejemplo, encontré un hombre en una iglesia que quería sacarme de esa situación de firmeza con respecto a la vida espiritual de mis hijos cuando estaban en edad preescolar. Este hombre de Dios, muy cercano a mis padres, me oía confesar, afirmar y declarar que mis hijos serían de Dios, que todos sus días serían de Él. Era tanta mi seguridad, tanta mi pasión, que un día, con mucho cariño, me dijo:

– Rebequita, tú dices eso porque tus hijos están pequeños y así es fácil pensar y decir eso, pero espera a que crezcan para que veas que no es así –

– Mis hijos no van a probar el mundo. Mis hijos son y serán de Dios todos los días de sus vidas

– Le contesté con firmeza. Entonces él solo se rio y se fue.

El creer tiene un enemigo y nuestro trabajo es impedir que alguien nos siembre alguna duda.

En ese creer encontré otro personaje que quería robarme la fe. Esto pasó en la ciudad de Cali, Colombia, en la época en la que decidí declarar que mi esposo sería de Dios. Empecé a actuar de forma intensa. Me identificaba con personajes de la Biblia que gritaban, rompían techos, tocaban el borde de un manto o movían sus labios sin pronunciar palabra derramando su alma al Señor, pero lograban mover su fe sin dudar un minuto que recibirían su milagro.

En las vigilias, ayunos y oraciones estaba mi petición y clamor al único Dios que tenía el poder de cambiar mentes, corazones y vidas. Las damas de la iglesia tenían todos los jueves en la tarde una hora de oración en el templo. Una tarde, como todas las otras, dejé lo que estaba haciendo y corrí a la oración. Ese jueves una vez más allí estaba Rebeca pidiendo por su esposo. Una mujer de la congregación, al oírme expresar mi petición, se puso de pie y me dijo:

– Deje de pedir tanto por su esposo; yo también tenía un esposo que no conocía a Dios y murió sin salvación. Quizás el suyo tampoco vaya a serlo.

– No sé el por qué su esposo no fue salvo, pero en lo que se refiere a mi caso va a ser diferente. Mi esposo sí será salvo, y aunque viniera un ángel del cielo y me dijera lo contrario, yo le conteste con toda seguridad que mis ruegos y mis lágrimas van a lograr mover el corazón de Dios.

Y para gloria de Dios, a los pocos días, mi esposo entregó su vida a Jesús y fue bautizado en su Nombre, como dice la Escritura.

Cuando creemos sin dudar y actuamos en esa fe, agradamos a Dios. Él mueve lo que tenga que mover, quita lo que tenga que quitar y actúa como Él solo sabe hacerlo. Ahí ocurre el milagro que tanto esperamos.

"Por tanto, os digo que todo lo que pidiereis orando, creed que lo recibiréis, y os vendrá". Marcos 11:24.

**Actuando en fe venceremos
al enemigo del creer: la duda**

CAPÍTULO 4

En El Creer Hay Que Cuidar Las Influencias

CUIDA A TUS HIJOS DE LAS MALAS INFLUENCIAS

"No erréis; las malas conversaciones corrompen las buenas costumbres". 1 Corintios 15:33

Cuando era una adolescente se acostumbraba que los niños, adolescentes, y jóvenes salíamos de nuestras casas y nos sentábamos en el porche; cada quien con sus grupos de acuerdo a su edad. Recuerdo que los fines de semana eran especiales ya que solíamos juntarnos con nuestros amigos para celebrar algún cumpleaños o festejar algo, reuniones que aparentemente eran muy sanas y divertidas; no obstante, de manera inocente, y sin pensarlo mucho, aprendíamos costumbres, palabras, modismos y cuanta cosa nos enseñaban nuestros amigos. Tuve la experiencia de ser influenciada por las amigas

con quienes compartía diariamente en el colegio y después de este.
Es importante que cuidemos a nuestros hijos de esas influencias. La palabra de Dios no se equivoca, pero a veces queremos ser más sabios y más complacientes que el Señor Jesús.

Los sicólogos, educadores y legisladores de esta nueva generación promulgan que al niño hay que darle su espacio y libertad de decisión. Afirman que el mismo niño puede y tiene derecho a decidir sobre su vida, en todo sentido, los colores que quiera vestir, la música que desee escuchar, la clase de alimentos que quiera comer. Todo lo que el niño y el adolescente desee hacer desde su nacimiento hasta sus dieciocho años lo puede hacer con muy poca influencia de sus padres. Esta libertad excesiva que se le ha dado a esta generación ha ocasionado que muchos niños vivan deprimidos, con sobrepeso y que sean más vulnerables al bullying. Hay más adolescentes confundidos, víctimas de las malas influencias de amigos, de los medios y de las redes sociales. Debido a esto, el número de infantes en terapia y que deben tomar medicamentos para controlar desórdenes mentales y emocionales, ha aumentado de forma considerable.

Cuando nuestro Dios creó al mundo puso todo su empeño en poner orden, límites, direcciones, colores y formas; hizo grupos de acuerdo a las diferentes especies de plantas y animales y formó al hombre y a la mujer a su imagen dándoles reglas precisas, y puso todo en el lugar donde debía estar y cómo debía de ser.

"Y vio Dios todo lo que había hecho, y he aquí que era bueno en gran manera. Y fue la tarde y la mañana el día sexto". Génesis 1:31.

Ese mismo Dios creador, Todopoderoso, que sabe todas las cosas, nos manda a cuidar a nuestros hijos de todo lo que pueda influenciar sus mentes y sus corazones para que no se desvíen del verdadero propósito por el cual fueron formados en el vientre de la madre. Es nuestra responsabilidad enseñarles las reglas, el orden estipulado por Dios para la humanidad. Que nada ni nadie les impida ser guiados, dirigidos, enseñados, cuidados por la palabra de Dios, por el Espíritu Santo y llegar a perder esta bendición tan grande de mantenerse y vivir en el propósito de Dios para ellos.

"El justo sirve de guía a su prójimo; más el camino de los impíos les hace errar". Proverbios 12:26.

En la palabra de Dios vemos varios casos de malas influencias, como el de los jóvenes amigos de Roboam.

"Pero él dejó el consejo que los ancianos le habían dado, y pidió consejo de los jóvenes que se habían criado con él, y estaban delante de él". 1 Reyes 12:8.

Estos jóvenes eran amigos desde niños, crecieron juntos y no tuvieron una buena instrucción. No sabían de responsabilidades ni de la vida para tomar decisiones importantes. Estos consejos llevaron a

Roboam a causar una división en el reino y a perder el respeto de la mayoría de las tribus de Israel. Las malas influencias no le permitieron alcanzar todas las bendiciones que el Señor tenía para su vida.

Otro caso de mala influencia es el de Amnón.

"Y Amnón tenía un amigo que se llamaba Jonadab, hijo de Simea, hermano de David; y Jonadab era un hombre muy astuto". 2 Samuel 13:3.

Amnón estaba enamorado de su hermana y no sabía cómo conquistarla. Pidió entonces consejo a su mejor amigo, que era un hombre astuto para maquinar cosas. El mal consejo de Jonadab llevó a la muerte a Amnón y causó muchas desgracias a la familia.

Nuestras vidas son influenciadas todo el tiempo de diferentes maneras. Somos influenciados por personas cercanas a nosotros, por la película que vimos, por un mensaje de texto, por consejos humanos, anuncios publicitarios, documentales, libros. De una u otra manera seremos influenciados para bien o para mal, sin importar la edad.

Es muy importante entonces que nuestros niños y adolescentes reciban una buena tutoría y protección por parte de nosotros pues en sus primeros años ellos no tienen la suficiente fuerza o carácter para decir no a lo que les puede hacer daño. En la niñez y la adolescencia apenas están aprendiendo qué es el bien y el mal, tampoco tienen conceptos definidos sobre el pudor, la modestia y la moral. En esas edades no comprenden realmente lo que se debe o no hacer, no disciernen el alcance de las consecuencias de sus actos; tampoco comprenden sobre tiempos, lugares y maneras correctas de actuar.

El reconocido psicólogo cristiano James Dobson entrevistó a un hombre llamado Ted Bundy, uno de los asesinos de mujeres más terribles de la historia de Norteamérica. En la entrevista Bundy contó que cuando era un adolescente encontró una revista pornográfica en un basurero. Desde entonces buscaba esa clase de material en esos sitios alrededor de su casa o por donde caminaba. Cada vez él deseaba encontrar algo más fuerte y explícito. Se había convertido en un adicto y la relación con esta práctica hizo que se volviera violento y con fantasías sexuales cada día más intensas. En cierto punto ya no le satisfacía solo mirar. Con el tiempo, Ted Bundy se convirtió en el asesino más grande de la historia. Recibió la pena de muerte después de ser arrestado y confesar cientos de crímenes.

Un niño, un adolescente, no tiene la suficiente fuerza o dominio sobre sus emociones, por eso es tan importante que haya unos padres que cuiden de todo lo que pueda causar un efecto negativo en su hijo. Una mala influencia, por lo regular, empieza por algo pequeño que muchas veces, a nuestros ojos, es algo insignificante, pero puede hacer mucho daño al niño, al adolescente o al joven. Existen señales que nos pueden dar luz acerca de esto, por ejemplo, cambios en su forma de hablar, de vestir, de mirar, de reaccionar y de jugar, deseos de encerrarse en su cuarto o de querer estar solos. Debemos estar alertas con todos nuestros sentidos.

La conducta infantil e inocente de un niño lo lleva a creer en todo. Él piensa que los animales hablan, que Supermán es real y puede volar. El niño, y aun el adolescente, cree que alguien más grande que él le está diciendo la verdad cuando en realidad lo puede estar engañando para hacerle daño. Por eso es tan importante que nosotros como padres discernamos las cosas espiritualmente y estar con nuestra lámpara (la palabra de Dios) bien encendida para poder mirar el peligro que acecha alrededor de ellos.

La enseñanza y sabia dirección les protegerán de malas influencias que no les van a aportar nada bueno en su camino hacia la juventud y posterior edad adulta.

Cuando creemos que nuestros hijos son y serán de Dios hay que poner todo nuestro empeño. Hay que cuidarlos de amigos dañinos, de influencias, de costumbres, de ideologías y cuanta cosa atente contra sus vidas, mentes y corazones.

Algunas personas podrían cuestionar mi postura en cuanto a este tema. De hecho, en el pasado he sido criticada sobre mi posición frente al asunto del cuidado y protección de los hijos ya que he sido firme y estricta en la crianza de los míos. Frente a esto tengo que decir que mi forma de creer, pensar y aplicar la palabra de Dios ha dado buenos resultados. Eso se ha hecho evidente en quienes son mis hijos hoy día. La buena enseñanza ha dado buen fruto en ellos.

Cuando mi hijo Miguel David cursaba sus últimos grados de bachillerato en Colombia, estudiaba en un colegio privado con principios cristianos, así que sus amigos más cercanos eran de la iglesia. Eran muchachos que daban un buen testimonio y compartían sus mismas experiencias y metas en Dios. Cuando nos mudamos a Montebello, California, registramos a nuestro hijo en una muy buena escuela para terminar su "high school". Fue un cambio bastante difícil y traumático para él. Había instantes en que llegaba a la casa, se tiraba en el mueble y lloraba diciéndome:

—Madre no puedo más, es mucha la presión en esa escuela.

Aunque él entendía y sabía lo que era vivir en el temor del Señor y que debía seguir su vida agradando a Dios, la influencia de algunos adolescentes y jovencitos sin ningún conocimiento de Dios que llevaban vidas libres y desordenadas lo ahogaban y perturbaban. Así pues, al llegar de la escuela, Miguel David se me acercaba buscando consuelo. Yo lo abrazaba y orábamos juntos.

En esos preciosos momentos mi hijo descargaba en Dios toda su preocupación y su carga. Él sabía quién era el único que le daba la paz y las fuerzas que tanto necesitaba para continuar porque había tenido hermosos encuentros con su Señor Jesús y sabía cómo orar en el Espíritu, así que se levantaba de ahí con nuevas fuerzas y afirmando aún más su vida en Jesús.

El día que registré a mi hijo en la escuela recuerdo haberle dicho:

—Hijo, mire a su alrededor y dígame, ¿quienes están estudiando y cómo están?

—Mami, todos los asiáticos están solos y leyendo algo en sus libros— Me contestó.

Un día tuve que ir a un evento de entrega de diplomas y reconocimientos para los mejores estudiantes. Me sorprendí al ver a los asiáticos recibiendo los mejores premios y reconocimientos. Le recalqué entonces a Miguel la importancia de que si no hay buenos amigos es mejor estar solo y guardarse para Dios.

Mi hijo, convencido de esto, obedeció y se apartó de cualquier clase de mala influencia para su vida. Con el tiempo se ganó el respeto de sus maestros y de los directivos de esa escuela, tanto que un día lo llamaron a la dirección y le pidieron que les ayudara con un joven extranjero que había llegado a la escuela y el cambio de país lo había trastornado. Miguel no solamente pudo ayudar al jovencito, sino que ganó su confianza y la de sus dos hermanas que también estudiaban en la misma escuela. Con el tiempo estos jóvenes llegaron luego a los pies del Señor Jesús.

"Los hijos de Elí eran hombres impíos, y no tenían conocimiento de Jehová". 1 Samuel 2:12.

Me llama mucho la atención este pasaje de la Biblia ya que Samuel vivía en un lugar donde los hijos del sacerdote le daban un mal ejemplo. Ellos, de hecho, pudieron haber influido negativamente en Samuel a lo largo de su crecimiento pues vivió en el templo desde niño hasta convertirse en joven y en un adulto; no obstante, hubo una enseñanza que protegió a Samuel todo el tiempo, aquella que había recibido de parte de su madre.

"Y el joven Samuel ministraba en la presencia de Jehová, vestido de un efod de lino. Y le hacía su madre una túnica pequeña y se la traía cada año, cuando subía con su marido para ofrecer el sacrificio acostumbrado". 1 Samuel 2:18-19.

En estos textos podemos ver algo muy hermoso y especial. Se trata de una mujer que estuvo con su hijo desde sus primeros años instruyéndolo en la palabra de Dios, una mujer que le contaba el milagro tan grande que Dios había hecho en ella. Yo me imagino a Ana diciéndole a Samuel:

—Mi amor, tú eres mi milagro, tú eres especial, tú eres consagrado al Señor desde antes de nacer, tú eres enviado a este mundo por Dios con un propósito específico y especial—.

Si lees en 1 Samuel 2:1-10, podrás observar a una madre con un carácter firme y decidido en Dios que no solo determinó tocar el corazón de Dios para recibir su milagro, sino que también supo cumplir sus promesas.

Ana, conociendo la grandeza de su Dios, sabía que la enseñanza impartida a su hijo debía ser profunda y era necesario recordársela continuamente para que se quedara en él, aun el tiempo que no estarían juntos. Para lograrlo debió ayudarle a formar una identidad fuerte, específica y especial en Dios. Cada día Samuel se ponía su vestidura sacerdotal, regalo de su madre. De esta forma Samuel entendía que era un niño diferente, que se vestía, hablaba, se comportaba y servía a un Dios Todopoderoso, un Dios milagroso, un Dios santo.

La túnica que traía Ana a Samuel cada año era la que le daba esa identidad a su hijo. Esa vestidura le hablaba al niño afirmándole que era muy especial y cuál era su propósito de vida, qué pedía Dios de él y cómo debía comportarse delante de Él. Esa túnica le daba tanta identidad a Samuel que sabía que no debía mirar ni seguir los ejemplos de los hijos del sacerdote Elí, que él debía estar apartado de ellos y ser diferente, con una forma de comportamiento a la altura de su llamado, así como le enseñaba su madre. Por consiguiente, nada ni nadie lo podía desviar o influenciar del verdadero propósito de Dios para vida porque

En el creer hay que cuidar...
LAS INFLUENCIAS.

CAPÍTULO 5
En El Creer No Hay Límites
SE HACE LO QUE SE DEBE HACER

"Si tomare las alas del alba y habitare en el extremo del mar, Aun allí me guiará tu mano, y me asirá tu diestra". Salmos 139:9-10

Cuando como padres creemos que nuestros hijos son y serán de Dios. No hay límites en mi creer. Este salmo me gusta pues nos lleva a extremos ilimitados. La expresión: si vuelo hasta el amanecer y si vivo en lo más extremo del mar…, me hace pensar que no hay límites para creer porque tengo un Dios sin límites, que donde esté o a donde vaya allí estará todos los días de mi vida.

En mis años de trayectoria cristiana viví en diferentes lugares, lo que me permitió conocer muchos padres en una condición limitada. Se sentían cortos en su forma de pensar y limitados en su manera de actuar, no accionaban su fe sin límites. Creían de una manera específica y sencilla de acuerdo a su propia formación y actuaban según sus propias experiencias y esto se convertía en un círculo vicioso. Se fue formando una fórmula que por años se ha pasado de generación en generación. No se atrevieron a romper ese molde porque pensaron que era así que se hacía y era suficiente. Limitaban la educación de sus hijos en cuanto a la relación que ellos podían tener con Dios, y eso me sorprendió mucho. Han pasado los años y sigo viendo los mismos resultados sin importar el tiempo o la generación que lo esté viviendo. La fórmula es la misma y los resultados los mismos.

Como para ilustrar un poco, aquí les doy unos ejemplos de frases que se continúan repitiendo:

1)- Oremos, Dios hará (mágicamente) la obra en el niño o en el muchacho.

2)- Solo Dios sabe qué va a pasar con este hijo que tengo.

3)- Este niño está en las manos de Dios. Esperemos a ver cómo va a crecer en su relación con Dios.

4)- Pero si el Evangelio no es una "herencia", ni modo. Él solo debe encontrar su propia relación con Dios. ¿Cómo la encontrarán sin quien les guíe o les enseñe el camino?

5)- Es todavía muy niño. Esperemos. No lo forcemos, no lo estorbemos, no lo incomodemos porque puede crecer resentido con el Evangelio. Dejémoslo que haga lo que quiera.

6)- Yo tengo la promesa que, si creo en Dios, automáticamente, mágicamente, mis hijos serán salvos.

Las anteriores son algunas de las tantas frases que he escuchado y sigo escuchando en el transcurso de mi vida. Algunas personas de la iglesia las expresan, desde los más nuevos en el Evangelio hasta los más ancianos (espiritualmente hablando); desde el que aún no trabaja en un servicio específico hasta el más eminente en un cargo eclesiástico.

Los padres que deseamos alcanzar objetivos o metas especiales en Dios para nuestros hijos debemos movernos de una manera que no haya límites en el proyectar, llevar, conducir, accionar, cuidar, velar, construir estrategias y planear el mover ilimitado de Dios en ellos. Se trata de alcanzar nuestros hijos para Jesús y no desmayar hasta ver la gloria de Dios manifestada con poder en sus vidas para la salvación de sus almas.

En mi experiencia aprendí a través de la palabra de Dios que la fe sin obras es muerta, lo dice *Santiago 2:14: "Hermanos míos, ¿de qué aprovechará si alguno dice que tiene fe, y no tiene obras? ¿Podrá la fe salvarle?"*.

Hay que accionar, hay que obrar, hay que movernos en esa fe que no tiene límites. Debemos volver nuestro creer una acción en Dios. Ese accionar debe ser dirigido por el Espíritu Santo para que se convierta en ese testimonio vivo que tus hijos verán en ti, así ellos te seguirán y te copiarán.

"Así también la fe, si no tiene obras, es muerta en sí misma. Pero alguno dirá: Tú tienes fe, y yo tengo obras. Muéstrame tu fe sin tus obras, y yo te mostraré mi fe por mis obras". Santiago 2:17-18.

Alguien podrá pensar que tiene mucha fe y que solo con decirlo sus hijos llegarán a los pies de Cristo y serán salvos, pero yo leo en las Escrituras que esa fe debe estar acompañada de acciones. En la acción es donde nuestro Señor Jesús hace, dice, toca, redarguye, exhorta, dirige, corrige y separa a nuestros hijos para Él.

Si actualmente te encuentras trabajando solo(a) en la formación espiritual de tu hijo(a), recuerda, que en el creer no hay límites, se hace lo que se debe hacer. Pero, ¿y qué debe hacer un padre?

Desde que los hijos nacen hasta que se hacen jóvenes están todo el tiempo aprendiendo a creer en el Dios de sus padres. Están tomando retos, mirando sus límites y nos prueban a ver hasta dónde podemos llegar. Siguen las reglas, en la escuela, en la calle, en la casa, y miran hasta dónde pueden llegar con sus acciones. Los niños son como esos arbolitos chiquitos que se les va poniendo palitos alrededor sostenidos de cuerditas para ir enderezándolos según la forma que se le quiere dar.

Los niños son entregados a los padres como esa arcilla, ese barro en manos de un alfarero que la va moldeando dependiendo la forma que se le quiera dar. La mente de un bebé es como un libro casi en blanco, pero a medida que crece, va adquiriendo el conocimiento y la formación que le dan las personas con las que pasa la mayor parte del tiempo. El deber de ellos es reforzar continuamente esos conocimientos y experiencias en la niñez y reafirmarlos en la adolescencia, de tal forma que en la juventud ya ese hijo termine siendo lo que sus padres formaron en él.

"Y le mostraré que yo juzgaré su casa para siempre, por la iniquidad que él sabe; porque sus hijos han blasfemado a Dios, y él no los ha estorbado". 1 Samuel 3:13.

En este pasaje bíblico se habla del sacerdote Elí. Él sabía que sus hijos eran hombres impíos que hacían pecar al pueblo de Dios, que tenían las cosas de Dios en poco y que hacían lo que querían en el templo. Elí solamente les llamaba la atención de una manera suave.

Creo que él era como muchos padres que no quieren "traumatizar a sus hijos", que los dejan a su voluntad. Era tanta la falta de respeto que ellos no escuchaban la voz de Elí. En cambio, la voz de Dios fue firme y contundente con el comportamiento de ese padre permisivo y que finalmente trajo desgracia a la familia y al sacerdocio.

Veamos otro caso de un padre que nunca estorbó a su hijo.

"Y su padre nunca le había entristecido en todos sus días con decirle: ¿Por qué haces así? Además, éste era de muy hermoso parecer; y había nacido después de Absalón". 1 Reyes 1:6.

David nunca disciplinó a Absalón, "nunca lo entristeció". Por la palabra de Dios nos damos cuenta que la corrección no es causa de gozo:

"Es verdad que ninguna disciplina al presente parece ser causa de gozo, sino de tristeza; pero después da fruto apacible de justicia a los que en ella han sido ejercitados". Hebreos 12:11.

Así es, la disciplina no da gozo en el momento, pero después da fruto apacible. Siempre que yo corregía a mis hijos y los estorbaba para que no hicieran cosas que no les traería buenas consecuencias, al momento no lo entendían y a veces se enojaban, pero después me agradecían por haberlos cuidado y protegido de esa manera.

Cuando mi hijo Carlos era un bebé vivíamos en la ciudad de Medellín, Colombia. Carlos creció con cánticos, oraciones, historias bíblicas y asistiendo a la iglesia frecuentemente. Cuando era un niño nos mudamos a Cali, Colombia. Allí se le afirmaron estas enseñanzas y su forma de vida cristiana. Con ocho años salía para la iglesia siempre con su Biblia en la mano y muy bien vestidito, con su camisa y pantalón elegante y un chalequito que le gustaba usar en algunas ocasiones. Él sabía que íbamos a la casa de Dios vestidos con lo mejor que tuviéramos porque íbamos a un lugar especial, a estar con un personaje especial y ese personaje merecía respeto, reverencia y que a Él le gustaba que le diéramos lo mejor de nosotros.

Mi hijo Carlos se arrodillaba a orar junto con nosotros en los altares familiares cada noche. Les decía a todos mis hijos que el que quisiera se levantara de orar a medida que terminara su oración individual. Él era el último que se paraba conmigo. Muchas veces observaba su rostro lleno de lágrimas y nos abrazamos y lloramos juntos en la presencia del Señor. A pesar de su corta edad tenía experiencias muy bonitas con Dios y se enamoraba cada vez más de la Palabra, la cual leía frecuentemente.

De mis hijos él fue el más afectado con el viaje que hicimos de Colombia a los Estados Unidos porque llegó en su adolescencia. El cambio fue muy drástico. En Cali estudiaba en un colegio cristiano privado, y llegó a una escuela donde había toda clase de adolescentes con diferentes culturas, idiomas, razas, y formas de vivir. Por lo regular, los latinos eran adolescentes que tenían sus grupitos exclusivos, como pandillas, dentro de la escuela; pero Carlos era muy diferente a todos, en todo aspecto. Su forma de vestir, su forma de hablar y su forma de comportarse eran únicos, además de otras cualidades.

Un día me di cuenta que su forma de ser estaba cambiando. Ya no era el niño dulce, obediente y amable de siempre. Se tornó tosco, contestón, retraído, solitario y enojón; hasta me sorprendió porque quería cambiar su forma de vestir por ropa más grande, es decir, dos y hasta tres tallas más; de hecho, un día llegó de la escuela con unos pantalones y una camiseta grandísima.

–¿Qué forma de vestir es esa?– le pregunté.
Me contestó que un niño se los había prestado y le dije que no le iba a permitir que se vistiera así. Él no me obedeció y volvió con esa ropa de la escuela, así que cuando se cambió, yo la boté a la basura. Cuando preguntó por la ropa, supo que yo la había botado. Desde ahí no me trajo más ropa de esa clase a la casa.

Viendo su comportamiento tan cambiado y viendo cómo se alejaba de Dios, me dije a mi misma:

– Rebeca, ¡pilas! como decimos en Colombia. ¡Despierte! Acá está pasando algo.

Así que busqué una escuela cristiana privada y hablé con el director para registrarlo. La sorpresa de Carlos fue grandísima ya que empezaba a cursar high school, o bachillerato. Eso lo sorprendió tanto que le suplicaba a mi esposo y a mis padres que hablaran conmigo porque no quería estudiar en esa escuela cristiana. Decía que allí no aprendería nada académicamente, que en la escuela no tenían educación física, que el maestro no sabía nada.

Recuerdo que argumentaba diciendo que él tenía que ser luz en las tinieblas, entre otras cosas más. Lloraba con todos los que podía e hizo de todo, incluso dejó de hablarme por un tiempo y en las vacaciones se iba a casa de mis padres.

Yo, por mi parte, nunca di mi brazo a torcer porque siempre creí que debía actuar en mi fe sin límites. En los altares familiares oraba por él, así quisiera o no quisiera, aunque tomara una actitud de indiferencia total yo seguía ministrando su vida, su alma y su mente con la palabra de Dios y oraba por él porque en nuestra casa las cosas de Dios nunca fueron una opción. Eran nuestro respirar y nuestro diario vivir.

En una ocasión, durante una ministración, estábamos orando y de repente la presencia del Señor Jesús se movió de una manera muy bonita. Parecía como el silbo apacible de Elías. Aprovechando la oportunidad, tomé autoridad de Dios y le recordé que él era mi pequeño "Samuel" y cuán especial era él para Dios. Le recordé cuando era niño y se levantaba de orar con lágrimas en los ojos y como sentía la presencia de Dios de forma maravillosa. Le recordé del amor de Jesús, le recordé todo lo que él era en Dios. Esto lo conmovió y se puso a llorar. Me abrazó de nuevo como lo había hecho cuando era un niño y volvió de nuevo mi hijo Carlos.

Cuando su niñez y adolescencia pasaron, yo seguí confesando: Mi hijo era, es y será de Dios todos los días de su vida. Carlos se graduó de la escuela cristiana y el día de su grado, en su discurso, me dio las gracias en público; luego bajó, me abrazó y me dijo: Gracias mamá.

Eso es estorbar a un hijo sin límites. Eso es no dejarlos hacer lo que ellos quieren, como quieren y donde quieren. Si tú lo haces con amor, con convicción, con conocimiento y con respeto; créeme, eso agrada a Dios y recibirás como padre todo su respaldo.

Tú, como padre y como madre, no tienes límites para estorbar a tus hijos para que no pequen contra Dios. Sigue creyendo que tus hijos son y serán de Dios todos los días de su vida. Entonces no tendrás límites, para entregarles el conocimiento de la verdad que los llevará a buscar más de ese Dios sin límites. Así accionarás en fe tanto en tu vida como en la de tu hijo.

Hay que hacer lo que se deba hacer, con una fe sin límites; de esa manera lograremos llevar a ese hijo(a) mucho más allá en Dios.

Un bebé, nada sabe; el niño, sabe muy poco; el adolescente, cree que sabe, pero no sabe tanto; y el joven, sabe todo lo que tú le sembraste desde que era pequeño.

**Por eso es que… EN EL CREER…
NO HAY LÍMITES, se hace lo que se debe hacer.**

CAPÍTULO 6

En El Creer Hay Batallas

ENFRENTANDO MIS BATALLAS EN EL CLOSET

"Porque no tenemos lucha contra sangre y carne, sino contra principados, contra potestades, contra los gobernadores de las tinieblas de este siglo, contra huestes espirituales de maldad en las regiones celestes". Efesios 6:12

Creo firmemente que tenemos un enemigo vigilando nuestra vida, un adversario que intenta devorarnos; no solo a nosotros sino también a nuestros hijos. Como padres debemos estar muy atentos y vigilar cada uno de sus movimientos para poder ver por dónde y de qué forma viene el enemigo a atacar, perturbar, engañar, robar o destruir.

No es que viva como una "caza fantasma", ni tampoco que esté obsesionada con esto, mucho menos lo nombró a diario ni espiritualizo todo lo que veo o escucho; simplemente es una realidad, existe un enemigo cuyo fin es destruirnos. Él nunca estará feliz que yo le pertenezca a mi Dios. Él aborrece el hecho que me haya levantado en armas espirituales para hacerle frente, cuidando de mi vida, la de mi esposo y la de mis hijos. El adversario sabe que, si mis hijos se levantan fuertes en Dios, entonces ellos también le harán resistencia, y no solo resistencia, le hacen guerra arrebatando las almas que son de Cristo Jesús porque tenemos una tarea, una misión o comisión: llevar este poderoso Evangelio de salvación, redención, paz, gozo y bendición a todo aquel que crea.

El closet

"Mas tú, cuando ores, entra en tu aposento, y cerrada la puerta, ora a tu Padre que está en secreto; y tu Padre que ve en lo secreto te recompensará en público". Mateo 6:6.

Cuando nos mudamos a la ciudad de Montebello, California, mis hijos tenían edades de once, doce, dieciséis y diecisiete años. Nos mudamos a una casa muy grande. En el cuarto principal había un closet que era como otro cuarto. Ese era mi lugar preferido de oración. Allí estábamos solo Dios y yo. Allí derramaba mi alma al Señor, le contaba todas mis cosas y peleaba grandes batallas espirituales en ese lugar.

Mis hijos ya sabían que cuando yo me metía al closet, nadie me interrumpía. Cuando observaba algún comportamiento fuera de lo normal en mis hijos, yo misma murmuraba en voz alta, decía:

–Ah! Así que andas por ahí perturbando a mi hijo. ¿Nos quieres robar la paz? ¿Estás inquietando a uno de mis hijos para traer pleito a la casa? ¿Estas poniendo rebeldía en alguno? Bueno, si guerra quieres, guerra tendrás. Me meteré al closet en ayuno y oración.

Cuando decía esto, parecía que algo sorprendente pasaba. El muchacho cambiaba inmediatamente, la situación se desvanecía y todo volvía a la normalidad de forma inmediata. Entonces yo volvía y decía:

–¡Ah! Lo soltó. Huyó. ¡Gloria a Dios! De todos modos, estaré en el closet.

La Armadura

"Sobre todo, tomad el escudo de la fe, con que podáis apagar todos los dardos de fuego del maligno... orando en todo tiempo con toda oración y súplica en el Espíritu, y velando en ello con toda perseverancia y súplica por todos los santos". Efesios 6:16,18.

Cuando tomamos el escudo de la fe, entonces entendemos que mayor es el que está en nosotros que el que está en el mundo. La Escritura nos alienta cuando dice: "Contigo desbarataré ejércitos, y con mi Dios asaltaré muros".

Cuando decides hacerle frente al problema que está afectando tu vida o la vida de tu hijo, entonces comienzas a transformar tu fe en acciones. Empiezas a apagar los dardos de fuego del maligno con la palabra de Dios y a sacar tiempo de oración, de ayuno, de intercesión en el espíritu ya que cuando logramos estar en constante oración es algo hermoso que se convierte en un deleite y se vuelve parte de tu vida.

Recuerdo que cuando levantaba a mis hijos en las mañanas lo hacía con alabanzas, cuando estaba cocinando glorificaba al Señor y cantaba mi coro favorito que fortalecía mi ser: "Él es mi paz, Él ha roto todas mis cadenas, Él es mi paz, Él es mi paz". En el carro siempre había alabanzas. Doy gracias a mi Señor Jesús por esos años maravillosos que pasé con mis hijos.

Así como el enemigo se levantaba de diferentes formas y maneras, también había grandes victorias y triunfos porque todo el tiempo había oración, alabanzas y palabra de Dios en nuestra casa.

No estoy hablando de religión, no era nada impuesto, forzado, ni obligado, era nuestra manera normal de vivir. Nuestra vida sumergida en Dios. No conocíamos otra vida diferente pues amábamos todo lo que se relacionaba con Dios, y mucho más cuando veíamos su poderosa, amorosa y misericordiosa mano, obrando en cada uno de nosotros.

Constantemente debemos construir murallas de protección alrededor de nuestros hijos. El enemigo no quiere que nos levantemos y estemos en pie de lucha y se opone a que abramos nuestros ojos espirituales para ver las batallas que se están librando por nuestros hijos en sus diferentes etapas. La adolescencia es una etapa muy importante ya que ahí es donde el enemigo les quiere influenciar y robar la fe. Su proyecto es confundirlos con mentiras y engaños con el fin de destruirlos. No obstante, si nos levantamos como Nehemías cuando estaba construyendo los muros de Jerusalén, veremos que Dios nos respaldará completamente.

"Después miré, y me levanté y dije a los nobles y a los oficiales, y al resto del pueblo: No temáis delante de ellos; acordaos del Señor, grande y temible, y pelead por vuestros hermanos, por vuestros hijos y por vuestras hijas, por vuestras mujeres y por vuestras casas". Nehemías 4:14.

¡No tengan miedo padres! acuérdense que nuestro Dios es grande, temible y Todopoderoso. Demos la pelea por nuestros hijos, por nuestras hijas y por nuestros hogares.

"En el lugar donde oyereis el sonido de la trompeta, reuníos allí con nosotros; nuestro Dios peleará por nosotros". Nehemías 4:20.

Es necesario que destines un lugar, un sitio privado para doblar tus rodillas ante el Señor Jesús, allí escucharás su voz y te guiará en esa necesidad, situación o problema que estés enfrentando. El Señor Jesús peleará por ti. Recuerda que unos padres de rodillas, que derraman su corazón a Dios lograrán mover los cielos a su favor.

**Él mismo Dios peleará tus batallas porque…
EN EL CREER HAY BATALLAS, ¡pero también grandes victorias!**

CAPÍTULO 7
Cuando Crees, No Hay Obstáculos Que Te Detengan
AUNQUE ESTÉS SOLO LOS PUEDES VENCER

"Entonces Jesús, mirándolos, dijo: Para los hombres es imposible, más para Dios, no; porque todas las cosas son posibles para Dios". Marcos 10:27

A menudo cada uno de nosotros enfrenta circunstancias difíciles en distintas áreas, bien sea en la familia, el trabajo, la salud, en lo económico y muchas otras facetas de la vida.

Cuando nos lleguen los obstáculos no debemos verlos como problemas, sino como oportunidades para crecer en Dios ya que en ellos es donde podemos sentir el mover de Dios de una forma sobrenatural. Los obstáculos son una de las maneras que tiene el Señor Jesús para demostrar su gran poder y así aumentar nuestra fe.

Eso que nos produce tristeza, la palabra de Dios dice que Él convierte esa tristeza en alegría y experimentamos ese gozo que nadie nos puede quitar.

Cuando miramos que ese obstáculo nos quiere robar la paz, entonces luchamos por nuestra paz, esa paz infinita que sobrepasa todo entendimiento. Es ahí donde somos testigos del poder sobrenatural de Dios, y no solamente nosotros, también nuestros hijos. Ellos podrán ver que nuestro Padre Celestial se glorifica en nosotros a través de las dificultades, esas que no logran desviarnos ni dañarnos, sino por el contrario, nos hace más fuertes, decididos y valientes en Dios. A esto le llamo sacar fuerza de nuestra debilidad, para ser ¡más que vencedores!

"Estas cosas os he hablado para que en mí tengáis paz. En el mundo tendréis aflicción; pero confiad, yo he vencido al mundo". Juan 16:33.

Existen muchos obstáculos que nos quieren impedir lograr el objetivo que tenemos para nuestros hijos en Dios.

Quisiera detenerme particularmente en uno específico, ya que es algo que puedo relatar, pues lo viví. Tal vez alguno de ustedes pueda identificarse conmigo.

Para explicar mejor este precioso tema primero quiero relatar una historia bíblica.

"Después llegó a Derbe y a Listra; y he aquí, había allí cierto discípulo llamado Timoteo, hijo de una mujer judía creyente, pero de padre griego". Hechos 16:1

"Trayendo a la memoria la fe no fingida que hay en ti, la cual habitó primero en tu abuela Loida, y en tu madre Eunice, y estoy seguro que en ti también". 2 Timoteo 1:5

En esta historia tenemos a Eunice, la madre de Timoteo. Ella era una mujer judía, creyente, conocedora del poder de Dios y con una fe auténtica. La misma que transmitió luego a su hijo. También era una madre entregada y apasionada a quien ningún obstáculo la pudo detener para llevar a su hijo a ese precioso conocimiento de Dios. Eunice ayudó y guió a Timoteo a formar una identidad única en Dios. Estas mujeres (su madre y su abuela) influenciaron tanto en él que no solamente le enseñaron a amar a Dios, también le enseñaron a servir con dedicación y fidelidad a ese Dios Todopoderoso.

Timoteo tenía un padre griego, esto quiere decir que era pagano, idólatra. Hoy diríamos, inconverso. No conocía al Dios de su esposa Eunice y no había recibido la revelación de quién era ese Jesús de Nazaret del cual su esposa, y ahora su hijo, profesaban su fe con tanto amor y dedicación. El padre de Timoteo pudo haber sido un gran obstáculo y un mal ejemplo para el proceso de formación cristiana de Timoteo, pero no fue así. Timoteo adquirió una fe auténtica como la de su madre a pesar de ser tan joven. Era obediente, constante, servicial y humilde; además, aprendió muy bien la doctrina, la cual defendía con convicción y valentía.

Fue tan hermosa la crianza de Timoteo que el gran apóstol Pablo resaltó el resultado de esta en sus dos cartas, llamándole "verdadero hijo en la fe"; y en otra parte dice: "les he enviado a Timoteo, que es mi hijo amado y fiel en el Señor".

Es un gran privilegio y una bendición aprender a vencer obstáculos y convertirlos en herramientas que sirvan al propósito más hermoso, maravilloso y grande que pueden tener los padres cristianos en esta tierra: conducir a sus hijos al conocimiento de la verdad y a la presencia de Dios.

Estos relatos que nos dejó nuestro Dios en las Escrituras no están allí solo para que nos deleitemos en ellos. No son evidencias de la obra de Dios únicamente para las personas de aquellos tiempos, no es para que los veamos tan lejanos, remotos e imposibles que no logremos identificarnos con ellos. Al igual que en la antigüedad esas promesas son también para nosotros y nuestra familia. Ellos pudieron vencer los obstáculos y nosotros también lo podemos hacer. Tenemos el mismo Dios de Eunice.

Si tú estás luchando con un hombre o una mujer que no conoce a Dios y crees que ese es tu mayor obstáculo, permíteme te cuento mi historia.

Yo también me casé con un hombre que no profesaba mi fe. Cuando mi primer hijo, Eduardo, creció tuve una preocupación muy grande que aumentaba a medida que el muchacho se hacía adolescente. En oración hablaba con Dios y le decía:

—Señor Jesús, mi hijo está creciendo, está entrando a la adolescencia y a la juventud y ¿qué ejemplo de hombre cristiano va a recibir de su padre? ¿Quién le va a dar respuestas correctas a las preguntas que tendrá como hombre? ¿Qué debo hacer? Por favor, Señor Jesús ayúdame.

Un día, para mi sorpresa, Eduardo me dijo:

—Madre, yo no quiero ser así como mi padre.
Se refería a la vida espiritual de mi esposo. Significaba que él no quería seguir el mundo como lo hacía su papá.

—Quiero ser de Dios y agradarle a Él solamente – añadió.

Para mí fue una gran alegría saber que mi hijo, a pesar de su corta edad, podía observar la diferencia entre aquel que le ha entregado su vida a Jesús y el que no lo ha hecho. Ese día glorifique a mi Señor Jesús por permitirme oír eso y tener la paz que yo necesitaba.

Recuerdo que en el tiempo en que me iba a casar mis suegros, me hicieron una cita para que fuera a hablar con un sacerdote. En la entrevista el sacerdote me dijo que tenía que firmar un documento donde me comprometía a educar y guiar a mis hijos en la religión tradicional romana. Ese mismo día le dije al cura que eso nunca sucedería, que mis hijos serían criados, dirigidos y guiados en la verdad que yo conocía de la palabra de Dios. Mi fe, esa era inamovible, esa era incuestionable, esa era firme en mí. Por eso pienso que al declarar con firmeza que mis hijos eran y crecerían siendo de Dios, estaba declarando aquello que ya se encontraba arraigado en lo más profundo en mi ser.

Desde que mi hijo estaba en mi vientre creía que él era de Dios, nunca dudé ni por un instante. Jamás vi obstáculos que fueran más grandes que mi fe. Tampoco consideré algo que pudiera detenerme del propósito de llevar, conducir, enseñar, impactar y enamorar a mis hijos de Dios.

Un domingo que salía con mis hijos a la iglesia, mi esposo, influenciado por Eduardo y Miguel David (tendrían unos doce y trece años) me dijo:

—Rebeca, los muchachos no quieren ir hoy a la iglesia. ¿Por qué los obliga, si usted me dice que el Evangelio no es por obligación? ¿No es acaso voluntario? ¿No debe cada quien decidir si quiere seguir el Evangelio o no?

—Pedro, para usted, que es un hombre adulto, no es una obligación ir a la iglesia ni tampoco seguir a Jesús; pero mis hijos que son pequeños, son mi responsabilidad. Es mi deber llevarlos a la iglesia y conducirlos a conocer la verdad de Jesús, así que si estos niños no quieren ir a la iglesia tendrán consecuencias – le contesté.

Como mis hijos ya estaban vestidos y listos para la iglesia, todos dijeron:

–No, no, no, mami vamos contigo.

Ese fue el único día de sus vidas que manifestaron no querer ir a la iglesia y el único día que les forcé a ir. Después se les hizo una gran alegría y eran ellos quienes me sacaban a mí para la iglesia. Muchas veces yo no fui al servicio de jóvenes o al servicio de domingo en la tarde y ellos tomaban un vehículo y solitos iban a la iglesia con sus amiguitos, y de paso se enamoraban de Jesús.
Otro día mi esposo me dijo:

–Rebeca, usted me dice que salga a jugar fútbol con los muchachos y que les dedique tiempo, pero los domingos, que es nuestro día libre, se los lleva a la iglesia. Entonces ¿qué hacemos?

–Pedro, el domingo el servicio empieza a las 10:00 am y termina 12:00 pm en punto. Tienes desde el mediodía en adelante para que estés con ellos y los disfrutes. Tú sabes que el domingo es sagrado para nosotros ir a rendir culto a nuestro Dios, y que ese día no es negociable de ninguna manera– le respondí.

Lo que yo hacía era salir rápido de la iglesia tan pronto terminaba el servicio. En el carro llevaba ropa extra y todo lo que necesitábamos para ir de paseo fuera de la ciudad donde vivíamos (Cali) y pasábamos tardes hermosas en familia.

Los obstáculos se vencen. No nos dejamos vencer por ellos. Si yo me hubiera dejado vencer de todos los problemas que se me presentaron en la vida, no hubiera podido enseñar, conducir, guiar la niñez, ni la adolescencia de mis hijos y tampoco los hubiera afirmado en la juventud para que en su edad adulta fueran esos hombres y mujeres que son en Dios hoy.

Vale la pena ser padres de fe dando ejemplo con nuestra forma de vivir ya que de esta manera podemos ser de gran influencia en la vida de nuestros hijos. Los obstáculos no nos deben hacer perder el objetivo, al contrario, que nuestros hijos vean que los vencemos en el ¡Nombre de Jesús!!

Si les hablábamos de un Dios de poder, ellos esperan ver a ese Dios obrando en nuestras vidas. Existe un dicho muy conocido: Tus hechos no me dejan oír tus palabras. Esto es muy cierto. Muchos padres, por diversas razones, cuando llegan los obstáculos pierden su fe y se desaniman frente a sus hijos. Descuidan su comunión con Dios, pierden el horizonte y hasta dejan de ir a la iglesia. En esos momentos no permitimos que nuestros hijos vean ese Dios que nos dice: *"No temas yo estoy contigo"*, *"Si yo estoy contigo quien contra ti"*, *"yo te fortalezco en esa debilidad"*. Tampoco aprenderán a declarar: *"Todo lo puedo en Cristo que me da nuevas fuerzas"*, ni muchas otras promesas que tenemos de parte de Dios. Nuestros hijos deben ver ese obrar poderoso de Dios en nuestras vidas, así la fe de ellos también crece y juntos podremos glorificar al Dios de lo imposible, que hace que todo sea posible.

Es importante que, si alguno de los padres se encuentra ausente de la formación física o espiritual de los hijos, el otro tome las riendas y enseñe, instruya, corrija y dirija a esos hijos; así como lo hizo Eunice con Timoteo y como Dios me ayudó a hacerlo con los míos.

Vencer los obstáculos implica poner los ojos en Jesús y luchar con todo nuestro corazón, nuestra mente, nuestras fuerzas para obtener los resultados esperados.

Es natural que esta lucha produzca agotamiento, pero al final queda la satisfacción de la victoria obtenida; además, la gran alegría que produce ver que el obstáculo no fue lo suficientemente grande o imposible de vencer, sino que logramos lo que nos propusimos en Dios para nuestros hijos, que valió la pena el sacrificio, la entrega y la dedicación.

"Pelea la buena batalla de la fe, echa mano de la vida eterna, a la cual asimismo fuiste llamado, habiendo hecho la buena profesión delante de muchos testigos". 1 Timoteo 6:12.

El Señor Jesús es quien te dará las fuerzas para vencer cualquier obstáculo, ya que para Él no existe nada imposible.

Así que, CUANDO CREES NO HAY OBSTÁCULOS QUE TE DETENGAN.

CAPÍTULO 8

Cuando Crees Ellos Son Marcados

BUSCANDO EXPERIENCIAS SOBRENATURALES EN DIOS

"Porque un ángel descendía de tiempo en tiempo al estanque, y agitaba el agua; y el que primero descendía al estanque después del movimiento del agua, quedaba sano de cualquier enfermedad que tuviese". Juan 5:4

Este pasaje relata que había en Jerusalén un estanque que se llamaba Bethesda. Llegaban allí enfermos de muchas clases. Un ángel descendía en cierto tiempo y agitaba el agua y el enfermo que descendiera primero al agua recibía sanidad. Esta historia marcó tanto mi vida que propuse en mi corazón que mis hijos buscaran el mover de las aguas donde recibirían la bendición que les impactaría la vida para siempre.

Cuando Dios decide impactar la vida de alguien, nunca se olvida.

Cuando Dios hace un llamado, nunca desaparece. Cuando Dios manifiesta su poder, queda en la mente y en el corazón por siempre.

Cuando Dios le dio la visión a Jacob, dijo: *"Esto no es más que casa de Dios y puerta del cielo"*, pero su vida fue realmente impactada cuando luchó por una bendición especial de Dios que marcó su vida para siempre, pues aún su forma de caminar cambió (porque cojeaba). Esa experiencia fue tan grande que cambió por completo.

Esa era la clase de experiencia y de relación que siempre busqué para mis hijos. No me importaba el lugar, no me importaba la distancia, no me importaba el dinero que tuviera que invertir para estar donde se movían las aguas. Solo quería que mis hijos fueran marcados por Dios de una manera tan extraordinaria que nadie ni nada de las cosas de esta vida o de este mundo los pudieran desviar, engañar o distraer del verdadero objetivo que Dios había trazado para ellos, como es la vida eterna. Alguien se preguntará qué me pasó, qué me llevó a pensar así y qué me llevó a tener estas ideas o a tomar estas decisiones.

Cuando entré a la adolescencia mi vida tomó un giro bastante brusco y difícil. Fue como un antes y un después. No entiendo por qué vinieron a mi mente memorias de mi niñez que no me gustaban. Me empecé a sentir muy rara, como que no entendía a nadie y nadie me entendía. Parecía que no encajaba en ninguna parte. Era como si viviera en mi propia burbuja, pero al mismo tiempo las personas me empujaban a vivir una vida que no entendía o no sabía cómo vivir (y no me refiero solo a la iglesia).

La adolescencia fue difícil para mí. No me sentía niña ni joven. No sabía cómo vestirme para no parecer tan niña pero tampoco tan adulta. Quería seguir jugando como niña, pero también quería comportarme como una adulta. No tenía un límite entre lo que se debía o no hacer. No tenía a alguien que me dijera o me enseñara el porqué, el cómo y el cuándo de las cosas de la vida; lo que me producía y me llenaba más de confusión. Recuerdo que solo tenía reproches para mi madre y no entendía por qué mi padre estaba tan lejano. Entonces, esa guía que necesitaba de un adulto me la proporcionaron, de manera errada, mis amigas de la escuela, mis vecinas cercanas o personas ajenas a mi entorno familiar, llevándome a situaciones que marcaron mi vida de forma negativa.
Con los años entendí que el enemigo de nuestras almas, el diablo, marca a sus víctimas, dejándoles huellas y marcas permanentes, muy dolorosas; entonces, propuse en mi corazón que el enemigo no marcaría a mis hijos ni dejaría huellas de dolor en ellos y que serían de Dios todos los días de sus vidas. En ese momento empezó en mí esa decisión firme, ese deseo profundo y me propuse en mi corazón que mis hijos no entrarían a ese mundo de donde quizás no saldrían y el enemigo los haría sus esclavos por la eternidad.

Así empezó todo el trabajo para lograr ese objetivo tan especial en mis hijos. Desde luego, el reto que me había propuesto era grande. Ese fue el comienzo de todo.

Marcados para salvación

Cuando mis hijos Eduardo y Miguel David eran adolescentes los llevaba a donde me decían que había un mover del Espíritu Santo de Dios.

Cuando me decían de ayunos, retiros, vigilias, convenciones, cultos especiales, para mí no había distancia, ni tiempo, ni dinero que se interpusiera.

Lo que yo buscaba para mis hijos no tenía precio.

Quiero contarles algunas de esas anécdotas. Una de ellas, y que mis hijos recuerdan mucho, les quedó marcada en su mente y en su corazón. Cuando vivía en Cali recibí una llamada de mi tía Esperanza, quien vivía en Bogotá.

–Rebeca, hay un retiro en la costa colombiana. Está muy bueno. Dicen que la presencia de Dios desciende y se siente extraordinariamente. ¡Es algo maravilloso! Es una experiencia increíble lo que sucede en ese lugar. ¡Vamos! la invito. Iremos en el carro de mi esposo.

Inmediatamente le dije que sí. Luego, compré tres pasajes en avión para Bogotá. Viaje con Eduardo y Miguel David. De Bogotá a la Guajira colombiana eran unas veinte horas en carro. En ese tiempo no pensé nada de eso, solamente veía la oportunidad que tenían mis hijos de ser marcados por Dios.

El lugar era un terreno árido ya que estaba cerca de un desierto. En ese tiempo había unas pocas casitas, sencillas, las cuales eran propiedad de hermanos en la fe que construyeron en el terreno. Las personas hacían divisiones con sábanas y ponían en el piso cartones y colchonetas. Cada quien se instalaba como podía. Había unos tubos de agua en la parte de afuera del salón, al aire libre, por si alguien se quería refrescar. La comida era otra experiencia del lugar, pero nadie se quejaba. Todo lo que se veía y se escuchaba eran los indígenas instalados en su área del terreno. Algunos instalaban hamacas, o como lo llaman ellos "chinchorros". Cantaban a Dios todo el día y toda la noche. Se veían y se oían también diferentes hermanos orando, buscando la presencia de Dios en cualquier lugar de ese terreno.

En realidad ese lugar se sentía como "casa de Dios y puerta del cielo".

Había gente que se movilizaba desde los lugares más recónditos de Colombia, todos con la misma sed, con la misma expectativa, con la misma necesidad de un milagro en su vida, de un toque sobrenatural de Dios, con el deseo de ser marcados por Él de una manera extraordinaria. Como era de esperarse la presencia de Dios descendía de una forma muy palpable en aquel sitio. Hasta los demonios que llegaban a perturbar salían gritando y corriendo.

Mis hijos, que por primera vez veían un movimiento de tal magnitud, estaban felices. Se involucraron sin renegar y no se indispusieron por las limitaciones del lugar ya que no tenían la comodidad a la que estaban acostumbrados. Lo veíamos todo tan hermoso y especial. Tuvimos gracia con una hermana de la cocina que nos trató con mucha consideración y un pastor amigo nos permitió usar el baño de su casa. Y así, todo se iba proporcionando porque Dios se agradaba de nuestro sacrificio y de nuestro vivo deseo de buscar su presencia de esta forma tan grande. Han pasado los años y mis hijos todavía recuerdan esto con alegría y nostalgia. El objetivo de toda esta búsqueda era para que la relación de mis hijos con Dios se hiciera fuerte, firme, segura, con conocimiento propio para que con el transcurrir de los años, cuando tuvieran sus experiencias de vida, ya sea situaciones cotidianas, luchas o tragedias, no les afectara en su relación con Dios.

En otra ocasión mi tía Esperanza me llamó y me dijo que llegaba un predicador invitado de los Estados Unidos a Bogotá a un retiro espiritual de familias. Ella sabía cómo me deleitaba en Dios y por eso, cada mover de las aguas que había ella me invitaba. En esa ocasión, mi hijo Eduardo con catorce años recibió el Espíritu Santo.

En una convención de la Iglesia Pentecostés, en la ciudad de Cali, llegaron varios hombres y mujeres de Dios de los Estados Unidos que aman la iglesia en Colombia. Ese día mis padres estaban en esa convención y Miguel David, de trece años, quiso ir con sus abuelos. Cuenta mi madre que una misionera se le acercó a mi hijo y oró por él y el muchacho brincaba y saltaba lleno de la presencia del Señor Jesús ¡Gloria a Dios!

Por otro lado, mi hijo Carlos fue marcado por Dios desde que nació. Desde muy niño fue sensible a la presencia de Dios. Cuando tenía unos nueve años no se contentaba con lo que sentía en sus altares familiares o en la iglesia. Él quería mucho más de Dios.

Cierto día, en un culto especial en Palmira, Valle, vino un predicador invitado llamado John Hopkins, al cual Dios usaba en gran manera. Ese día me sentí un poco como María, la madre de Jesús, cuando el niño se le perdió a sus padres en el templo. En este evento había muchísima gente. Al final del mensaje Carlos se me perdió y me asusté muchísimo. Toda la gente estaba de pie y no se podía ver nada, así que me subí a una silla. Desesperada, miraba por todas partes hasta que mis ojos se detuvieron en el altar. Allí pude visualizar un niño pequeño, como mi hijo, con los brazos totalmente levantados. Los pastores Cardozo y Hopkins oraban por él. Eso fue impactante. No sé cómo hizo para llegar allá porque el acceso al altar en ese momento era muy difícil. Cuando logré llegar a él, vi que su rostro estaba lleno de lágrimas y su carita feliz, lleno de la presencia del Señor Jesús. Esa experiencia fue maravillosa.

Desde ese momento mi hijo se enamoró más de la palabra de Dios y la leía cada día. Debido a que era tan especial en Dios, lo invitaban a predicar en otras iglesias para los cultos de niños. Así, mi hijo creció en sabiduría y en la presencia de Dios.

Mi niña Molly fue marcada por Dios a sus seis añitos, en un retiro de familias en la ciudad de Bogotá. Ese día la presencia de Dios era tan palpable que los niños glorificaban al Señor junto con los adultos. Ahí mi niña fue llena del Espíritu Santo. Ella nunca lo olvidó porque lo que Dios da es impactante y marca nuestras vidas para siempre.

Mi niña Becky era de carácter firme y un poco rebelde. Recuerdo que desde los cinco años se paraba en el cuarto con sus piernitas abiertas, sus brazos levantados y decía en voz alta: ¡A mí nadie me manda, yo soy libre! Fue un reto bastante difícil.

Cuando Becky tenía seis años fuimos a una convención de la iglesia en California. Se movían las aguas de una forma especial y la presencia de Dios estaba tan desbordada que se podía palpar su gloria. En ese momento, durante el mover de Dios, miré a mi niña Becky dormida en mis brazos. Me levanté y la llevé al altar. Me sentía como Abraham poniendo a Isaac en el altar donde Dios le dijo que lo sacrificara. Me remonté al lugar del sacrificio con el corazón conmovido y lágrimas en mis ojos, orando en el espíritu. Le entregué la niña al Señor. Le dije que mirara su rebeldía, que si ella no iba a ser de Él que mejor se la llevara así eso me arrancara el corazón pero que yo no quería ver mi niña marcada por el enemigo en este mundo de tanta maldad y pecado y que su alma se perdiera. Fue una de esas oraciones raras y difíciles de comprender, pero eso era algo entre Dios y yo.

Pasaron los años y puedo contar muchas anécdotas vividas con mi niña, pero lo que sí les puedo asegurar es que ella fue marcada por Dios cuando era una hermosa adolescente. Puedo decirles que aprendió a comunicarse con Dios de una manera tan maravillosa, que ella se encierra en su cuarto y me dice: Mami no me interrumpa que voy a orar. Cuando sale del cuarto sale con sus ojos rojos e hinchados de llorar, pero su corazón livianito, su rostro luce hermoso y feliz de haberle entregado a Dios todas las inquietudes propias de su edad. Aunque ahora ya es una joven, esa marca especial y maravillosa aún continúa. Es una marca que no se borra de su vida.

Por todo esto puedo decir que Dios permitió que pudiera cuidar el corazón, la mente y la hermosa relación de mis hijos con Él.

Marcados para servirle

Podría contarles muchas anécdotas donde el Señor Jesús no solo marcó la vida de mis hijos con esa experiencia gloriosa del Espíritu Santo hablando en nuevas lenguas, sino que también los marcó para su servicio.

Miguel David fue llamado por Dios en un retiro de jóvenes que organizó una iglesia en Cali, Colombia. Mientras predicaba el hermano Saúl Manzano Dios le hizo un llamado especial para servirle.

Eduardo, a sus dieciséis años, recibió un llamado sobrenatural en Montebello, California, durante una vigilia de varones. Ese día los jóvenes tenían una integración en la casa de un hermano de la iglesia. Él y Miguel David querían ir, pero estábamos muy recién llegados de Colombia y para mí todo era un poco raro. Yo no entendía por qué los jóvenes iban a estar en otro lado si en la iglesia había una vigilia. Yo venía acostumbrada que donde había un mover de Dios, entonces todos lo aprovechamos al máximo. Otra cosa que no me cabía en la cabeza era que no habría un solo adulto o líder en esa reunión. Eso me hizo afirmar más mi decisión de que no irían a la integración.

A ellos no les gustó y se revelaron. De repente estaban serios y no querían entrar a la iglesia, lo cual me causó extrañeza pues ellos no reaccionaban así. Yo sabía que amaban a Dios y que les gustaba servirle en la música. Ese día Dios me dio la seguridad, la firmeza y el valor para decirles de forma calmada que debían entrar. Les expresé que, aunque en ese momento no entendían mi posición, lo harían después. Les dije con firmeza que debían estar adentro, con nosotros, ya que nosotros solíamos estar siempre juntos en tales eventos.

Después de un rato, entraron y se sentaron enojados y aburridos en la última banca. Mi objetivo era que estuvieran ahí, en el templo. La vigilia continuó y en un momento perdí de vista a uno de ellos. Busqué con mi mirada y Eduardo no estaba. Me moví por el salón para buscarlo y para mi sorpresa estaba a un extremo del salón arrodillado, postrado con su rostro al piso. Una pareja de hermanos colombianos oraba por él. Me detuve y oré un breve momento por mi hijo. Luego les agradecí a los hermanos esa oración y les pedí que por favor continuaran orando por Eduardo.

El Señor Jesús lo llenó tanto de su Espíritu Santo que esa noche cuando los jóvenes regresaban de la integración a buscar a sus padres, él oraba por ellos. Los muchachos caían de rodillas con lágrimas en sus ojos, llenos de la presencia del Señor. Eduardo los hizo sentar adelante y les predicó en lenguas con tanta autoridad que la presencia de Dios se podía palpar. Así, extasiado por la gloria de Dios, lo llevamos a la casa. Esa noche no pudo dormir. El Espíritu Santo lo despertaba y quedaba sentado hablando en lenguas. Este impacto sobrenatural le duró tres días, porque...

CUANDO CREES, ELLOS SON MARCADOS y tienen experiencias sobrenaturales en Dios.

Aquí se cumple la palabra de Dios que dice: "Porque todo aquel que pide, recibe; y el que busca, halla; y al que llama, se le abrirá". Mateo 7:8.

CAPÍTULO 9
Cuando Crees Actúas

ACTUAMOS EN INSTRUIR Y CONSTRUIR ALTARES FAMILIARES.

"Instruye al niño en su camino; y aun cuando sea viejo no se apartará de él". Proverbios 22:6

Tomo este versículo para ilustrar mi historia, porque cuando uno cree, uno actúa. Aquí está hablando la palabra de Dios de actuar en una instrucción específica que trae una consecuencia perdurable. La verdadera instrucción me lleva a actuar con diligencia, disciplina, constancia, conocimiento, obediencia, ejemplo y pasión.

Al lograr esto me estoy asegurando que cuando ese niño crezca jamás se apartará de la enseñanza, ya que esto afirmará su vida en el camino del Señor.

¿Qué es Instruir? el diccionario RAE y ASALE (DLE) lo relaciona:

1. *Enseñar, doctrinar.*

2. *Comunicar sistemáticamente ideas, conocimientos o doctrinas.*

3. *Dar a conocer a alguien el estado de algo, informarle de ello o comunicarle avisos o reglas de conducta.*

Todo lo anterior hace referencia a una enseñanza metódica, consecuente, progresiva y sistemática. Me gustan mucho estas definiciones pues nos dan más idea sobre el tema que estamos desarrollando.

Nuestro Dios es un Dios de orden, normas, leyes, conceptos, lineamientos y de recordatorios. Él nos ha dejado muchísimo de todo esto a través de las Escrituras con el fin de guiarnos en la tarea de conducir nuestros hijos hacia Él. Se trata de poder establecer una conexión entre ellos y nuestro Señor Jesús. Entonces, en realidad todo depende de nosotros como padres.

"Y amarás a Jehová tu Dios de todo tu corazón, y de toda tu alma, y con todas tus fuerzas. Y estas palabras que yo te mando hoy, estarán sobre tu corazón; y las repetirás a tus hijos, y hablarás de ellas estando en tu casa, y andando por el camino, y al acostarte, y cuando te levantes. Y las atarás como una señal en tu mano, y estarán como frontales entre tus ojos; y las escribirás en los postes de tu casa, y en tus puertas". Deuteronomio 6:5-9.

Este versículo es una forma de Dios para guiarnos y enseñarnos cómo instruir a nuestros hijos para que logren construir bases para ser fuertes, valientes y vencedores en el transcurso de toda su vida.

Entendamos la importancia de levantarnos y acostarnos con la palabra de Dios en nuestras bocas. Ella debe estar en nuestra rutina diaria, por ejemplo, los envíamos a la escuela con una oración, bendecimos nuestros alimentos, entonamos alabanzas al hacer nuestros quehaceres, salimos de casa invocando el nombre de Jesús y continuamos el gozo alabando al Señor en nuestro carro. Es de vital importancia terminar el día con nuestro altar familiar. Así aprovecharemos todo el tiempo que podamos para que esa maravillosa presencia de Dios llegue y toque nuestras vidas.

El rey David fue un hombre totalmente enamorado y apasionado de su Dios, tanto, que se dice que su corazón era conforme al de Él. Este hombre hace mención en los salmos de cómo se deleitaba desde el alba hasta el anochecer en su presencia. David vivía en una continua comunión con el Señor, cantando y derramando su alma a Dios; por eso, en sus momentos más difíciles, tuvo soluciones a la mano ya que no había asunto que no consultara con Él.

Altares familiares

Había algo en nuestra casa que no nos podía faltar y nunca fue una opción, nuestros altares familiares.

Diariamente teníamos un momento de intimidad con nuestro Señor. En los altares familiares desenmascarábamos al enemigo y las artimañas que estuviera usando para robar nuestra paz.

En esos instantes expresábamos nuestras peticiones personales. Sentíamos la confianza y el apoyo que nos dábamos como familia sin tener temor a la crítica o al qué dirán. En ese momento especial teníamos nuestro corazón abierto, dispuestos a expresar y a recibir lo que Dios tenía esa noche para esa necesidad específica; luego, veíamos obrar a Dios en nuestro crecimiento, firmeza y conocimiento. Sentíamos que ese Dios todopoderoso estaba ahí para nosotros, ayudándonos, fortaleciéndonos, liberándonos, protegiéndonos, dejándonos sentir sus caricias y abrazos. No había montañas tan altas, no había problemas tan grandes que no pudiéramos vencer en nuestros altares familiares.

Cuando entendemos que el tiempo de los altares familiares no es negociable, entonces haces un llamado a los miembros de la familia hacia ese lugar de tu casa que has destinado para ello, debemos vencer toda oposición que se presente en el momento ya que ahí nuestra fe es fortalecida. Los altares familiares son de vital importancia para la formación, para la instrucción y para la protección de la vida mental, emocional y física de nuestros hijos.

Mi hijo Carlos, que había recibido instrucción de Dios firme en su niñez, cuando llegó a la adolescencia tuvo que afirmar esos conceptos, renovar su fe y recibir nuevas fuerzas para continuar siendo fiel a Dios, recibió nuevos dones en un altar familiar los cuales se convirtieron en una tremenda bendición para nuestra familia. Entre esos dones estaba el don de la palabra, el cual ejercitaba cuando le correspondía el turno de traernos la enseñanza de la noche. Así fue inspirado, motivado, para tomar la decisión de ir a un colegio bíblico donde reafirmó sus bases para ser un siervo del Señor.

Los niños nos imitan

Cuando nuestro hijo es aún un niño podemos fortalecer conceptos, construir columnas firmes y establecer bases fuertes.

"De ocho años era Josías cuando comenzó a reinar, y treinta y un años reinó en Jerusalén. Este hizo lo recto ante los ojos de Jehová, y anduvo en los caminos de David su padre, sin apartarse a la derecha ni a la izquierda". 2 Crónicas 34:1-2.

Josías tuvo una buena madre. Su nombre era Jedida. Ella actuó.

Era tal su propósito de impactar a su hijo que le colocó por nombre: "Dios mío". Ese es el significado del nombre de Josías. El trabajo de instrucción con su hijo tuvo su recompensa pues llegó a ser un rey justo que agradó al Señor todos los días de su vida. Su padre la instruyó en los caminos del Señor, pues era un sacerdote de Jerusalén. Su nombre fue Adaia. Si miramos la historia del gran profeta Samuel, su padre, Elcana, le dio ejemplo de ser un hombre temeroso de Dios y cumplidor de todo lo que se refería a lo espiritual y familiar. Durante los ocho años que Samuel vivió con su madre lo instruyó de tal manera que no se dejó influenciar por los malos ejemplos que veía en los hijos de Elí en el templo.

Los adolescentes nos respetan

Cuando trabajas espiritualmente en el adolescente estás reafirmando los conceptos que recibió en la niñez. Esto quiere decir que has logrado generar una base fuerte en el niño donde podrás construir columnas firmes en la adolescencia.

"A los ocho años de su reinado, siendo aún muchacho, comenzó a buscar al Dios de David su padre; y a los doce años comenzó a limpiar a Judá y a Jerusalén de los lugares altos, imágenes de Asera, esculturas, e imágenes fundidas". 2 Crónicas 34:3.

Josías, quien comenzó a reinar a los ocho años, tenía bases en Dios dadas por su madre Jedida; así que cuando cumplió los doce pudo aplicar las enseñanzas y lograr agradar a su Dios. Este jovencito respetaba a los sacerdotes y a sus mayores quienes lo ayudaban e instruían en los caminos de David su padre.

En el caso de Samuel, siendo un adolescente, cuando Elcana subía cada año con su familia a rendir culto a Dios y a llevar su ofrenda al altar, ellos lo visitaban y de esta manera continuaban su instrucción cada vez que iban al templo. Samuel respetaba a sus padres y a Elí, que era el sacerdote al servicio del Señor en ese momento. Los jóvenes nos honran.

Es importante seguir enseñando y reafirmando los conceptos en cada etapa de la vida de nuestros hijos.

"Trayendo a la memoria la fe no fingida que hay en ti, la cual habitó primero en tu abuela Loida, y en tu madre Eunice, y estoy seguro que en ti también". 2 Timoteo 1:5.

"Pero persiste tú en lo que has aprendido y te persuadiste, sabiendo de quién has aprendido; y que desde la niñez has sabido las Sagradas Escrituras, las cuales te pueden hacer sabio para la salvación por la fe que es en Cristo Jesús". 2 Timoteo 3:14-15.

En estos textos podemos observar cómo Pablo, este gran hombre de Dios, nos da la referencia de la vida de Timoteo. El apóstol estaba convencido de la fe tan poderosa que tenía su discípulo. Era tal la instrucción y la formación que el joven había recibido de su abuela y de su madre que Pablo no pudo dejar de mencionarlas. La dedicación, el ejemplo y el testimonio de estas mujeres era digno de exaltar.

También podemos mencionar la vida de una gran mujer de Dios, Jocabed. Ella fue la madre del gran hombre de Dios llamado Moisés. La manera como actuó en su fe fue sorprendente. Jocabed creyó con toda seguridad y firmeza que Moisés sería librado de la muerte aun cuando las circunstancias eran de extremo peligro para su bebé.

Ella fue astuta y sabia y creyó que Dios la ayudaría en el proceso tan difícil de salvar a su hijo. Ella no se quedó pensando:

– Quizás es plan de Dios que muera mi hijo. Quizás no podré ayudar a mi hijo. Quizás nació para ser tirado al río y devorado por los cocodrilos.

No. No fue así. Jocabed hizo de Moisés un hombre con conocimiento, instruido, cuidado y dirigido por una madre que conocía del poder de Dios. Era tanto el conocimiento de Jocabed que no solo guio a Moisés sino también a su hermano Aarón y a su hermana María. Lo logró actuando en fe.

La instrucción en la niñez y en la adolescencia de Moisés fue tan firme que quedó impregnada en el joven. Luego, en el palacio del faraón, rodeado de otra cultura y formación, la enseñanza de su madre fue más fuerte y firme en su corazón que la cultura pagana egipcia. Tiempo después, porque sabía realmente quién era, quiso proteger a uno de su pueblo. Allí comenzó todo el proceso de Moisés como líder de su pueblo al pasar por el desierto, vivir años difíciles y recibir el llamado de Dios a servirle. Los grandes planes que Dios tenía para Moisés fueron llevados a cabo gracias a una madre que creía en ese Dios Todopoderoso y que sabía lo que debía hacer: actuar con la convicción que su hijo sería salvo, aun lejos de ella. Moisés nunca olvidó todo lo que su madre depositó en él, la instrucción sobre quién era su Dios.

Jocabed actuó en fe, porque…
CUANDO CREES, ACTÚAS.

CAPÍTULO 10

Cuando Crees Ellos Son Proyectados

LOS FORMAMOS Y DIRIGIMOS COMO UNA FLECHA HACIA UN PUNTO ESPECÍFICO

"Como saetas en mano del valiente, así son los hijos habidos en la juventud". Salmos 127:4

Cuando nos dedicamos a la tarea de proyectar a nuestros hijos hay algo especial en nosotros que nos da una fuerza sobrenatural. Es algo más allá de lo común y normal de la vida humana, algo celestial y poderoso con lo cual me puedo identificar plenamente. Cuando estoy seguro(a) de mi identidad en Dios me vuelvo un padre/madre valiente y esforzado(a). Mis manos serán firmes y seguras al proyectar esa saeta (flecha) dada por Dios con un propósito hermoso y específico. Esa saeta será lanzada para la gloria de Dios.

Proyectamos esa saeta no solamente para llevarla a todo lo que Dios tiene para ella, si no que la proyectamos aún más allá. Alcanzará la eternidad.

Cuando Dios le dijo a Josué: *"Mira que te mando que te esfuerces y seas valiente; no temas ni desmayes, porque Jehová tu Dios estará contigo en dondequiera que vayas"* (Josué 1:9), Dios sabía que Josué podía hacerlo. Sabía que él era el hombre que llevaría al pueblo a librar grandes batallas.

¡Dios nos ha dado un corazón muy valiente! No tememos a nada ni a nadie cuando se trata de defender a nuestros hijos. Tenemos la fuerza de darle nuestra comida a un hijo si es que no hubiera nada más que comer, podemos estar horas y días en un hospital sin movernos para cuidarlo o pasar noches enteras sin dormir, trabajar incansablemente hasta desmayar para traer provisión o protección. Nos supera el amor al dolor y no tenemos límites cuando se trata de la vida de un hijo, por eso este libro está escrito para los padres que son muy valientes, aquellos a los cuales se le ha entregado una saeta; porque esas flechas no se hacen solas, necesitan que alguien con conocimiento las proyecte correctamente para que den en el blanco.

Deseo dirigiéndome a un padre o a una madre como la persona asignada por Dios para formar a ese hijo, para moldear los valores y principios con los cuales caminará en esta tierra siendo proyectado y dirigido en cuerpo, mente y espíritu hacia una vida de conocimiento pleno de un Dios Todopoderoso;

el Dios único cuyo amor por ese padre o esa madre valiente así como por su saeta (hijo), es incalculable e inigualable.

Lo único que debemos hacer como padres valientes es esforzarnos y nunca desmayar. Debemos creer que nuestros hijos, al ser proyectados, van con seguridad en la dirección correcta porque hay un Dios que los ayudará siempre. Este Dios ha prometido estar con nosotros en todo momento y lugar, todos los días de nuestras vidas.

En un capítulo anterior les hablaba de los altares familiares. Los altares familiares fueron parte de la proyección de mis saetas. Ahí les enseñaba a mis hijos sobre los personajes de la Biblia que los inspiraban y les mostraban todo lo que hacían en Dios, lo poderosos y maravillosos que eran cuando ganaban las batallas del Dios de Israel. Le decía que ellos no eran menos que estos personajes bíblicos. Los proyectaba en Dios diciéndoles:

–Ustedes pueden ser como Josué, Daniel, Samuel, Moisés o David. No son menos que ellos, ni ellos fueron seres diferentes a nosotros. No tenían tres ojos o dos narices o cuatro brazos. Ellos eran seres humanos igualitos a nosotros, lo único que los hacía diferentes era su estrecha relación con Dios y su fe en todo el sentido de la palabra. Ellos nunca dudaban de lo que Dios les decía o les mandaba, obedecían sus normas, sus leyes, y caminaban en ese CREER en Dios.

De esta manera los proyectaba. Yo tenía en casa un Moisés porque su carácter era muy manso y protector y casi que tocaba a Dios sumergido en su presencia. Tenía un David que deseaba caminar agradando a Dios en todo, que luchaba las batallas espirituales no solo para él sino para todos los que le rodeaban; alguien que cuando sentía desfallecer su consuelo era su Dios en oración y lágrimas. Tenía un Samuel que amaba oír la voz de Dios y nos transmitía lo que Dios decía de nosotros o para nosotros.

De la misma manera, me di a la tarea de proyectar a mis niñas a medida que crecían. Les enseñaba ejemplos como el de Ester, esa joven que a pesar de no haber tenido a sus padres en su edad decisiva, obedeció a su tío en todo sentido. Les resaltaba lo importante de ser una niña diferente a las demás en todo aspecto, interno y externo, así como la importancia de saber y pensar con firmeza en quien creemos y a quien servimos. Todo eso lo aprendíamos de Ester y de otras mujeres de la Biblia.

Mientras mis saetas estaban en su aljaba, que es el hogar, eran enseñadas para luego ser proyectadas en su vida terrenal y eterna.

Reflexionemos

Tristemente conozco de madres que proyectan a sus hijos para muchas cosas pensando que eso es lo más importante en sus vidas, pero descuidan la proyección de la parte espiritual. Lo más interesante es que lo logran. Ellas se trazan una meta en la vida, y desde que sus hijos son muy pequeños les buscan una escuela; y hasta separan los cupos con años de anticipación para asegurar que su niño estudie allí. Poco a poco, los dirigen como saetas a un blanco específico sin temer a posibles riesgos que pudieran estorbar esa proyección, ya que su decisión es tan firme que lo lograrán.

Esas saetas llegan a sus blancos y reciben galardones terrenales. Muchos se convierten en médicos, abogados, ingenieros, arquitectos. Eso está muy bien y no estoy en contra de esto. Aplaudo a las madres que logran proyectar sus saetas y alcanzan esos blancos, no obstante, sería mucho más exitoso, hermoso y satisfactorio si esas mismas saetas proyectadas hacia galardones terrestres fueran también proyectadas para obtener galardones celestiales.

Escucho a madres/padres cristianos decir cosas como: Mi hijo no es cristiano, o no es consagrado a Dios, o casi no tiene tiempo para venir a la iglesia a buscar de Dios. Estudia mucho, no tiene tiempo de servir a Dios; pero es responsable. No le hace daño a nadie, es trabajador, es buen padre o buena madre. Pobrecito, está luchando. Dios sabe que él es bueno. Dios entiende que el muchacho ahora no puede tener su vida consagrada a Él, pero es buen profesional y gana dinero. Mi hijo es buen muchacho. Mi hija es una buena muchacha.

Esas palabras producen un dolor muy grande en mi corazón. Entonces, pienso:

¿Será que siendo bueno y todo lo demás que ellos dicen, le servirá para obtener la vida eterna? Y ¿qué de su relación íntima, de conocimiento y de llenura del Espíritu Santo para el día de nuestra redención? ¿El día que el Señor Jesús venga por su iglesia, será que solo con ser bueno, profesional, responsable, trabajador, no hacerle mal a nadie, será suficiente? "Debemos hacer lo uno sin dejar de hacer lo otro".

¿Hemos proyectado nuestra saeta solo para lo terrenal? ¿Y qué pasa con la proyección de la saeta para lo celestial? ¿Para lo eterno? ¿Para una vida después que esta termine?

¿Qué hará nuestra saeta en esa proyección terrenal cuando se encuentre en dificultades, cuando no podamos estar con él/ella, cuando se haya ido de casa o cuando muramos?

¿Cómo enfrentará esa saeta las dificultades de su trayectoria por la vida con la proyección que le diste?

¿Qué clase de conocimiento le diste a tu saeta?

¿Qué clase de instrucción y firmeza en Dios? ¿La suficiente para que un día se pueda presentar a su Creador y responderle cuando esté cara a cara con Él?

Qué le diría tu saeta al Señor cuando este le pregunte: ¿Cuál fue tu proyección en mí o en mi reino? ¿Qué hiciste con lo que yo tenía para ti en la tierra en el transcurso que eras lanzada? ¿Me conoces saeta?

¿Sabes quién soy? ¡Saeta, yo te puse en manos de unos padres valientes que debían proyectarte a la eternidad! Ellos debían haberte preparado para este día del encuentro con tu Creador.

A ti padre o madre valiente, que tienes esa fuerza, valor, firmeza, confianza y coraje que te enfrentas a todo por tus hijos, te animo a hacerlo en oración, en ayuno, en ruego y en súplica. Te animo a que separes un tiempo diario para crecer en conocimiento de la palabra de Dios. Esa es la única manera que obtendremos la fe para proyectar correctamente las saetas que nos fueron entregadas.

"Oídme, costas, y escuchad, pueblos lejanos. Jehová me llamó desde el vientre, desde las entrañas de mi madre tuvo mi nombre en memoria. Y puso mi boca como espada aguda, me cubrió con la sombra de su mano; y me puso por saeta bruñida, me guardó en su aljaba; y me dijo: Mi siervo eres, oh Israel, porque en ti me gloriaré". Isaías 49:1-3.

Como padres, debemos reflexionar cómo estamos proyectando nuestra saeta, ya que... CUANDO CREES ELLOS SON PROYECTADOS.

CAPÍTULO 11

En El Creer Hay Revelación

TENIENDO UNA CONEXIÓN DIRECTA CON DIOS

"Clama a mí, y yo te responderé, y te enseñaré cosas grandes y ocultas que tú no conoces". Jeremías 33:3

Mientras mis hijos crecían era muy importante para mí tener siempre una continua relación con Dios, momentos de estar a solas con Él en la casa. Eran necesarios. No eran una opción. No estaban "sujetos a", si podía o si tenía tiempo. El tiempo de intimidad con mi Señor Jesús era vital, ahí obtenía respuestas, me enseñaba, me guiaba y me enfocaba para hacer lo que Él quería que hiciera; no solo en mi vida, sino también con mi hogar, con mi trabajo y con mi familia en general.

La palabra de Dios dice: *"Con sabiduría se edificará la casa, Y con prudencia se afirmará". Proverbios 24:3.* También dice: *"Y si alguno de vosotros tiene falta de sabiduría, pídala a Dios, el cual da a todos abundantemente y sin reproche, y le será dada".* Santiago 1:5.

Con sabiduría se edifica una casa, y si alguno tiene falta de sabiduría, entonces la debe pedir a Dios. En mi vida había una gran necesidad de sabiduría, entonces me di a la tarea de recurrir al único que me la podía dar. La forma de obtenerla era en oración, pues la oración es la llave que abre el corazón de Dios. La oración es la manera como debemos tocar la puerta del cielo, allí obtenemos de parte de Dios las herramientas para construir nuestra casa en sabiduría y prudencia, entonces levantaremos hijos firmes en Dios.

"No es con ejército ni con fuerza, ni es del que corre ni del que quiere". Cuando logramos entender que no son nuestras propias fuerzas, ni lo que yo deseo lo que me dará el resultado en mis hijos, espiritualmente hablando, entonces nuestra prioridad, nuestro enfoque será Jesucristo. De esta manera he aprendido que con mi Dios es dándolo todo, entregándolo todo y amándolo con todo nuestro corazón.

El Señor Jesús dice en su palabra: *"Dame hijo mío tu corazón".* Ese corazón es el todo del hombre, es el órgano más importante del ser humano; por eso el Dios soberano y creador lo único que pide de ti y de mí es el corazón, porque de allí depende que tengamos una conexión directa con Él.

El Señor dice en su Palabra que *"Por sobre todas las cosas cuida tu corazón porque de él mana la vida…". (Proverbios 4:23).* Nos manda esa libertad de vida explicándonos que está en nosotros cuidar el corazón porque de él depende el vivir o morir eternamente.

"A los cielos y a la tierra llamó por testigos hoy contra vosotros, que os he puesto delante la vida y la muerte, la bendición y la maldición; escoge, pues, la vida, para que vivas tú y tu descendencia". Deuteronomio 30:19.

Este pasaje nos invita a escoger la vida, pero todo depende de lo que nosotros decidamos. Dios nos dio libertad absoluta para que hagamos con nuestras vidas, y la de nuestros hijos, lo que nos parezca.

Tomamos actitudes equivocadas frente a los consejos de un pastor o ante personas que han sido victoriosas en Dios con sus hijos. Muchos padres son indiferentes ante libros como este. Muchos, aun teniendo la palabra de Dios como guía perfecta, deciden no aceptar que la formación de sus hijos va por el camino equivocado, sin resultados positivos, y simplemente hacen con sus hijos lo que les parece. Por esta razón me gusta mucho este versículo de Proverbios: *"Fíate de Jehová de todo tu corazón, y no te apoyes en tu propia prudencia. Reconócelo en todos tus caminos, y él enderezará tus veredas. No seas sabio en tu propia opinión; teme a Jehová, y apártate del mal". Proverbios 3:5-7.*

Deseo hacerles saber la importancia y la grandeza del tesoro más preciado que Dios nos pudo haber entregado en nuestras manos. Nos entregó unas inocentes, frágiles, amorosas, tiernas, débiles e indefensas criaturas que a medida que crecen aprenden a llamarnos mamá o papá.

Es a través de los momentos con Dios en oración que podemos tener el conocimiento y el don de discernir cualquier situación difícil que ellos estén pasando. Esto nos ayudará como padres a mirar más allá en el corazón de nuestros hijos y así encaminarlos, ayudándolos a tener firmeza, estabilidad y seguridad en sus vidas. Esta revelación la recibimos del que todo lo sabe, todo lo ve y que está en todas partes; del que dice: "Clama a mí, y yo te responderé, y te enseñaré cosas grandes y ocultas que tú no conoces".

Entonces, como no hay nada que se esconda de la presencia de Dios, nuestros hijos no se esconderán para hacer cosas equivocadas que no les dejará nada bueno. Hay alguien que los está observando todo el tiempo y una madre o un padre que, en oración intercesora, clama por ellos.

Cuando mis hijos estaban creciendo me decían:
—Mamá, usted siempre se da cuenta cuándo nosotros queremos hacer algo que no está bien. Usted está ahí estorbándonos, como si supiera eso antes de que lo hagamos.

—Porque Dios me lo muestra, Dios me lo enseña, y el enemigo no me va a engañar porque poderoso es

Dios para librarlos y ayudarme en todo esto que me he propuesto con ustedes – les respondía.

En ciertas ocasiones llamaba a mis hijos por teléfono y les preguntaba dónde estaban, con quién estaban y qué hacían. Ellos se sorprendían, y yo entonces los podía amonestar para conducirlos a no hacer nada que desagradara al Señor Jesús, a no hacer algo indebido que les quedara gustando y después les fuera muy difícil salir de esa situación.

Una señora que estaba yendo a la iglesia tenía una hija adolescente. Mi hijo Carlos también pasaba por esa edad. Él era el baterista de la iglesia y servía a Dios en muchas cosas. Un domingo, después de una escuela dominical, me dijo esta señora:

–Déjeme llevar a Carlos a un centro comercial. Lo quiero llevar a una tienda fina para comprarle camisa y corbata y para que pasemos la tarde juntos con mi hija.

–Muchísimas gracias. Aprecio todo lo que usted quiere hacer por mi hijo, pero no se va a poder. El muchacho se va conmigo – le respondí.

Ella insistió y el muchacho también, pero cuando se trataba de uno de mis hijos no había ninguna forma de ceder o negociar. Tenía firmeza en lo que decidía y pensaba que era lo correcto para ellos. La señora se disgustó, pero ante Dios mi responsabilidad era mi hijo.

Quizás para algunos no era gran cosa, pero para mí se trataba de darle la oportunidad a mi hijo para empezar una relación con una jovencita que no compartía sus mismos ideales en Dios, era dejarlo en manos de una señora que tampoco tenía temor de Dios y de la que no sabía qué tanto podía influenciarlo. Eran varios los motivos que me llevaron ese día a no permitir esa salida.

Algo parecido me pasó con mi hija Molly. Como era una joven muy bonita, empezaron a llegar los jovencitos que querían tener más que una amistad con ella. Siempre fui muy sincera y directa con los amigos o amigas de mis hijos.

Gracias a Dios por la educación que les pude dar en su niñez porque cuando llegaron los momentos de "hormonas alborotadas", Dios me permitió afirmar conceptos y ganarme su corazón. Ellos me amaban, me respetaban y obedecían. Cuando les hablaba, trataba que razonaran y entendieran el porqué de las cosas. Con esto no quiero decir que no había excepciones. A veces un NO era suficiente respuesta. Cuando esto pasaba era porque Dios me revelaba cosas que ellos no entendían en su momento, pero después me decían "gracias mamá".

Ellos aprendieron que la mamá tenía una conexión directa con Dios, el cual le mostraba las cosas antes que sucedieran. Él sabía que como madre estorbaría a mis hijos con el fin de librarlos de los males que les ocasionaría hacer lo que ellos consideraban que no era malo, pero que era un peligro inminente.

Dios le da ese don a los padres que de verdad desean tenerlo.

"Y Jehová dijo: ¿Encubriré yo a Abraham lo que voy a hacer, habiendo de ser Abraham una nación grande y fuerte, y habiendo de ser benditas en él todas las naciones de la tierra? Porque yo sé que mandará a sus hijos y a su casa después de sí, que guarden el camino de Jehová, haciendo justicia y juicio, para que haga venir Jehová sobre Abraham lo que ha hablado acerca de él". Génesis 18:17-19.

Me siento feliz de saber que mi hija Molly ha adquirido esa comunión y esa dependencia de Dios en oración. Cada mañana saca su momento para poner a su familia ante la presencia del Señor. Hace algún tiempo le enseñé algunas cosas que me parecían que era una problemática de las madres que tienen hijas como ella (dos preciosas niñas de diez y siete años). Me escuchó y no dijo nada. Después de algunos días me dijo:

– Madre, ya entendí que lo que usted me dijo es muy importante. Antes pensaba que debía dejar crecer a mis niñas sin tanta regla o sin tanta prohibición, pero después algo hizo en mí un clic. Entendí y visualicé a mis niñas más grandes. Observe cómo podrían llegar a ser si yo no las estorbaba, las enseñaba o las corregía en algunas áreas.

– ¡Gloria a Dios hija mía! eso se llama tener revelación de parte de Dios. El Señor te permitió entender y ver. Ese es nuestro Dios – le respondí emocionada.

Por eso Dios ama en gran manera los corazones de los padres y madres que reconocen que necesitan sabiduría, conocimiento y la revelación que viene del cielo y que se obtiene en una hermosa conexión directa con Él en oración.

Cuando unos padres viven en fe, entonces, EN EL CREER... HAY REVELACIÓN.

CAPÍTULO 12

Cuando Crees Das Identidad
A IMAGEN Y SEMEJANZA DE DIOS

"Y creó Dios al hombre a su imagen, a imagen de Dios lo creó; varón y hembra los creó". Génesis 1:27

¿Cuál es el verdadero propósito de la crianza de nuestros hijos?

¿Será solo enseñarles a ser adultos independientes y competentes?

El verdadero propósito de traer hijos a este mundo y criarlos es para que lleguen a conocer a su Creador, es decir, que Cristo sea formado en ellos.

Debemos darles a conocer la grandeza de una vida plena en comunión íntima y de conocimiento con su Creador, así lograremos que sean hombres y mujeres independientes de nosotros y competentes en esta vida.

Lo primero es formar a Jesucristo en la vida de nuestros hijos, así garantizamos mentes y corazones sanos para la sociedad y el mundo.

Puedo observar que ahora está muy de moda hablar de generaciones debido al impactante cambio que ha dado el mundo entero. En ese sentido, podemos ver las diferencias marcadas que hay de una generación a otra. Muchos padres van por la vida pensando que solo se trata de nacer, crecer, reproducirse y morir. Eso parece ser el todo del hombre. Entonces que cada quien haga lo que pueda, como pueda, de la mejor manera que pueda y no más. En esa forma de pensar no hay identidad alguna, pero a través de las Escrituras podemos observar que Dios, al formar al hombre a su imagen y semejanza, le dio una identidad. Lo creó con un propósito extraordinario y específico.

Pero es aquí donde tenemos el mandato de Dios de formar, guiar y conducir a ese hijo al conocimiento pleno de Dios. La mejor y única manera, ciento por ciento segura, es que el niño conozca quién es Dios, cómo es Dios, qué hace Dios y cómo trabaja Dios en la vida de papá y mamá. Es allí, en nuestra forma de vivir, donde el niño y el adolescente van a visualizar esa imagen de Dios. No hay necesidad de obligarlo a crecer en el conocimiento de Dios. Él lo va a aprender, lo va a conocer y lo va a entender a través de papá y de mamá. Cuando el niño o el adolescente vea a ese Dios reflejado en ti, deseará obtener, sentir y vivir lo mismo.

Nuestro ejemplo es el mayor testimonio de un Dios de poder, de autoridad, de libertad, de amor, de misericordia y de verdad.

Nuestra vida y conducta son el reflejo de Cristo formado en nosotros.

Existe un dicho que dice: "Tus hechos no me dejan oír tus palabras". Cuidemos nuestra vida cristiana para que no seamos de tropiezo a nuestros hijos en su camino a alcanzar la plenitud de ese varón perfecto, el cual es: "Cristo en nosotros nuestra esperanza de Gloria". Colosenses 1:27.

En el mundo en que vivimos hoy nuestros niños, adolescentes y jóvenes están perdiendo día a día su identidad en todo sentido: en lo físico, lo moral y aun en lo espiritual. Es muy importante detenernos a pensar de qué manera podemos contribuir para afirmar a nuestros hijos en esa identidad divina. Cuando un niño, un adolescente o joven conoce su verdadera identidad en Dios también afirmará su identidad corporal, mental y moral.

¿Qué es identidad según el diccionario?

1. Circunstancia de ser una persona o cosa en concreto y no otra, determinada por un conjunto de rasgos o características que la diferencian de otras.

2. Conjunto de rasgos o características de una persona o cosa que permiten distinguirla de otras en un conjunto.

Es muy común escuchar que el niño, el adolescente, el joven, y aun hasta el adulto, está pasando por una "crisis de identidad". En realidad, este mundo está en crisis y, según las Sagradas Escrituras, los hombres sin Dios van de mal en peor. También estos días son comparables a los días de Sodoma y Gomorra, ciudades que llegaron a ser tan perversas y cuya maldad fue tan grande delante de Dios, que Él mismo no soportó y las destruyó con fuego del cielo.

Si recordamos la historia de esta ciudad, allí vivía un hombre llamado Lot que fue salvo gracias a la intervención de Abram, su tío, quien rogó por él. Dios mandó a unos ángeles para que sacaran a Lot de esa ciudad antes de ser destruida. Los hombres de la ciudad no querían tener relaciones con mujeres sino con hombres, y pedían a Lot que les diera a esos varones que habían llegado a su casa para hacerles daño. Los ángeles sacaron a Lot y a sus hijas y así los libraron de una muerte segura.

A Lot no le incomodaba tener a su familia en una ciudad de tan avanzado estado de maldad. No sentía ningún pesar, ni tristeza, ni dolor, ni angustia. Su mujer y sus hijas hacían lo que querían sin temor a Dios. Estaban tan arraigadas a ese mundo que cuando se le ordenó a Lot escapar con toda su familia, su mujer se convirtió en estatua de sal al mirar a atrás. Ella añoraba lo que dejaba en esa perversa ciudad. Tiempo después, sus hijas se llegaron a su padre para afirmar su descendencia. Esa era la costumbre y la vida que ellas conocían, porque eso era lo que ellas veían en esa ciudad tan alejada de Dios.

Cuando Dios creó al hombre, a su imagen los creó; pero ¿cómo así? ¿Hombre y mujer a una sola imagen? Sí, a la imagen invisible de Dios. Se refiere a su alma, a su esencia inmortal, la esencia de ese ser puro y bueno, tal como nacen nuestros niños. La misión del enemigo fue destruir esa imagen de Dios en nosotros. A él no le interesa destruir nuestro cuerpo porque es mortal y se vuelve polvo. El cuerpo no es nada, es solo un cascarón que lleva por dentro un tesoro inigualable, incalculable, eterno, llamado ALMA. Esa es la verdad y la realidad del hombre. La realidad de su ser.

Esa es nuestra verdadera identidad. Aquella que es determinada por un conjunto de rasgos o características que vienen de nuestro padre, de nuestro Creador. Por ello es tan importante marcar y hacer la diferencia en este mundo sin identidad ninguna.

El enemigo carece de identidad, solo miente y engaña. Normalmente suele tomar la forma que le conviene para hacer como quiere. Solo sabe imitar y no es original. Nuestro adversario, el diablo desea matar, robar y destruir el ALMA. Esa es su misión. Definitivamente él es nuestro verdadero enemigo en esta tierra.

Para llevar a cabo su plan de destrucción en nuestros hijos siembra en sus mentes mensajes equivocados. Todo lo que el ser humano tiene en la mente lo procesa y se convierte en un sentimiento. Ese sentimiento se hace visible en la forma de actuar, ya que el comportamiento depende de lo que hay en la mente; en este caso, en lo que el diablo ha sembrado en ella. Allí es donde logra robarles a nuestros hijos su identidad, su esencia y su verdadero propósito por el cual vinieron a este mundo. Es importante que estemos alertas a cualquier imagen, idea o mensaje que lleguen a nuestros hijos porque es ahí donde se convierte en sentimiento.

Nosotros debemos ser esos faros de luz, esos centinelas y esa sal de la tierra. Debemos estar atentos a cualquier acción, palabra o reacción de nuestros hijos. Esto nos da una alerta mostrándonos que algo pasa en ellos, ya sea que estén en su edad temprana, que sean adolescentes o jóvenes.

Puedo poner muchos ejemplos de madres que le dieron la identidad correcta a sus hijos, pero quiero tomar a mi favorita: Ana. Una madre con pleno conocimiento de quién era su Dios (Lee 1 Samuel 2). El capítulo habla del Dios de Ana. Él era su Salvador, su refugio, el que todo lo sabía, el de los milagros, el Todopoderoso, el Proveedor, el Soberano.

Pienso qué más llenaba Dios en la vida de Ana.

Creo que Dios estaba formado en ella de una manera tan plena y tan grande que pudo dar identidad a su niño en su casa. Más tarde, cuando subía a visitarlo una vez al año, le llevaba una túnica llena de símbolos y de hilos de colores (así se vestían los sacerdotes de ese tiempo).

La túnica le recordaba a Samuel quién era el Dios de sus padres y quién era su Dios a medida que crecía. Fue tal el impacto de la formación que su madre le había dado, que a, pesar de vivir rodeado de hombres impíos sin identidad ninguna, él se sostuvo intachable y agradable en la presencia de Dios. Él había obtenido su propia identidad, la cual lo llevaría a comunicarse con Dios y a actuar en obediencia a su Palabra.

"Y el joven Samuel ministraba en la presencia de Jehová, vestido de un efod de lino. Y le hacía su madre una túnica pequeña y se la traía cada año, cuando subía con su marido para ofrecer el sacrificio acostumbrado". 1 Samuel 2:18-19.

Ana se cercioró que su promesa a Dios fuera cumplida y se esforzó por formar a su hijo con identidad para Dios.

La identidad le da conocimiento, seguridad, y firmeza a nuestros hijos.

Otra madre que no solo dio identidad a su hijo sino, que le dio ejemplo de ser una mujer sabia fue Betsabé. Cuándo Dios le preguntó a Salomón qué quería, este pidió sabiduría. ¿De dónde crees que este jovencito tuvo la idea de pedir sabiduría? De su madre.

Los primeros capítulos de Proverbios son los consejos que Betsabé le daba a Salomón. Ella le decía: "Hijo mío si los malos vienen a ti…, hijo mío, si la mujer extraña…, hijo mío, si aceptas mis palabras…". Esta madre marcó y le dio tal identidad a Salomón que él escribió en Proverbios 31:10 características muy hermosas y dignas de admirar en su madre. Salomón señaló las virtudes de una mujer sabia como ella.

"Vino Betsabé al rey Salomón para hablarle por Adonías. Y el rey se levantó a recibirla, y se inclinó ante ella, y volvió a sentarse en su trono, e hizo traer una silla para su madre, la cual se sentó a su diestra". 1 Reyes 2:19.

La madre de Salomón fue honrada por su propio hijo, quien había recibido de ella esa identidad. Él ahora estaba lleno de sabiduría y entendimiento de Dios. Ahora él estaba en el lugar proyectado por su madre. En esta escritura podemos ver al gran rey David dando instrucciones y consejos a Salomón, su hijo.

"Y tú, Salomón, hijo mío, reconoce al Dios de tu padre y sírvele con un corazón íntegro y con ánimo voluntario; porque el SEÑOR escudriña todos los corazones y entiende toda la intención de los pensamientos. Si tú lo buscas, él se dejará hallar; pero si lo abandonas, él te desechará para siempre". 1 Crónicas 28:9.

En estas palabras le enseñaba sobre su Dios y cómo debía comportarse con Él para obtener bendición y respaldo del Dios a quien David conocía muy bien y había sido su mayor deleite toda su vida. Aun en sus últimos momentos su padre continuaba afirmando conceptos en su hijo.

"Llegaron los días en que David había de morir, y ordenó a Salomón su hijo, diciendo: Yo sigo el camino de todos en la tierra; esfuérzate, y sé hombre". 1 Reyes 2:2.

Todo esto le daba identidad, estructura y guía a Salomón.

Debemos dar a nuestros hijos una identidad verdadera, auténtica, única y definida para que vivan en santidad, agradando a Dios en todo sentido; en cuerpo, alma y espíritu.

"Y el mismo Dios de paz os santifique por completo; y todo vuestro ser, espíritu, alma y cuerpo, sea guardado irreprensible para la venida de nuestro Señor Jesucristo". 1 Tesalonicenses 5:23.

Según el diccionario, se da identidad por dentro y por fuera. Todas las cosas que impliquen a nuestros hijos deben llevarlos a formar esa identidad, es decir, a ser diferentes, separados para Dios. Los padres deben tener y dar identidad en Dios. Porque…

**CUANDO CREES DAS IDENTIDAD,
DAS IMAGEN Y SEMEJANZA DE DIOS.**

CAPÍTULO 13

Cuando Crees Persistes

PORQUE MIENTRAS HAYA VIDA HAY ESPERANZA.

"Dios es el que me ciñe de poder, y quien hace perfecto mi camino; quien hace mis pies como de ciervas, y me hace estar firme sobre mis alturas; quien adiestra mis manos para la batalla, para entesar con mis brazos el arco de bronce. Me diste asimismo el escudo de tu salvación; tu diestra me sustentó, y tu benignidad me ha engrandecido". Salmo 18:32-35

Me gusta mucho esta escritura porque habla precisamente de lo que somos y tenemos en Dios. Habla de cómo las ciervas se remontan a grandes y elevadas alturas, habla de que cuando estamos en las alturas y soplan vientos tan fuertes, esa firmeza no nos dejará mover. Este pasaje nos enseña que tenemos un Dios que nos invita a ser persistentes y a luchar hasta el fin.

Él prepara nuestras manos, nos da las herramientas apropiadas y deposita en nosotros un poder sobrenatural, único, especial y maravilloso que nos sustenta. Él nos sostiene en los momentos difíciles de la batalla y en su bondad nos da las victorias y nos engrandece frente al enemigo.

Este capítulo lo he dedicado a los padres que tienen hijos jóvenes, o ya adultos, que no están en los caminos del Señor Jesús.

Si tus hijos crecieron, se desviaron, han tomado un mal camino y quizás piensas que ya no hay esperanza para ellos, no es así.

"Aún hay esperanza para todo aquel que está entre los vivos". Eclesiastés 9:4.

La palabra del Señor nos dice que si, ese hijo tiene vida, entonces aún hay esperanza. Así que levántate con poder, con autoridad y en libertad. Echa mano de estas palabras, considera las promesas y aférrate de la oración, el ayuno y la lectura de la Palabra.

Haz todo lo humanamente posible en la dimensión de Dios.

Tenemos al que nos ciñe de poder.

A nuestro lado está el que pelea por nosotros y por los nuestros. No estamos solos, Él nos prepara para la batalla y su poder nos hace más que vencedores. Cuando se trata de nuestros hijos ¡persiste! ¡persiste! ¡persiste! No te des por vencido nunca.

Acude al Dios que está dispuesto a enseñarnos y a mostrarnos todo lo que necesitemos para guiarlos al conocimiento pleno de nuestro Dios, a conducirlos a tener poderosas experiencias con Él, que los libere de toda atadura o pereza espiritual. Tenemos un Dios que puede llegar a la vida de nuestros hijos y cambiar sus mentes y corazones.

Puedo contarte que, en mi vida, tanto en lo material como en lo espiritual, siempre he tenido seguridad, confianza en Dios para hacer lo que tengo que hacer por el bien de mis hijos. En mí no existe el "no se puede". Mis padres tenían un dicho: "Usted sea fiel a Dios, tírese de cabeza y caerá parado".

Esto se trata de la fidelidad a Dios, de conocer quién es mi Dios y creerle a Él cuando te dice: No temas porque yo estoy contigo, o cuando dice: Siempre te ayudaré, siempre te sustentaré. Tristemente a veces no le creemos y desfallecemos. Es allí donde no agradamos a Dios. Cuando esto pasa el enemigo aprovecha y hace lo que quiere con nosotros.

Hoy te animo a creerle a Dios. Toma nuevas fuerzas y remóntate a las alturas en Él. Allí, nada ni nadie nos podrá tocar y podremos persistir, no solamente por nosotros, sino también por nuestros hijos.

Cuando se trataba de mis hijos era persistente en lo que tenía que hacer por ellos y por sus almas. Eso era todo lo que realmente me importaba, ese era todo mi enfoque y era más grande para mí que mi propia vida. Todo lo que me desgastara, me moviera o me distrajera de ese propósito lo retiraba de mi vida; lo hacía a un lado o no le prestaba la suficiente atención. Simplemente no me interesaba o lo solucionaba.

Al poco tiempo de haber llegado a los Estados Unidos llegamos a una iglesia a congregarnos con un pastor al que mis padres conocían desde niño. Aunque habían pasado varios años, lo volvimos a encontrar y continuamos una amistad muy cercana. Mis hijos llegaron a formar parte de los músicos de la iglesia.

Un día, un cantante que fue famoso en el mundo, pero era cristiano y asistía a nuestra iglesia, los invitó a que lo acompañaran a tocar a otras iglesias donde él era invitado. Esto le desagradó a nuestro pastor. Él no quería que ellos salieran a otras iglesias. Le explicamos amablemente que ellos habían pedido permiso a su líder de alabanza y que lo hacían en horas y días que no había servicio en la iglesia, además, no iba a ser por mucho tiempo. El pastor, muy enojado, nos dijo que entonces mejor nos fuéramos de su iglesia. Nos dijo con palabras textuales: "No vuelvan ni a pisar las puertas de mi iglesia".

Mis hijos estaban muy tristes porque lo apreciaban muchísimo. No sabíamos que esa era su costumbre. Solía despedir de esta manera tan cruel a la gente. Me preocupé en especial por mi hijo mayor pues no entendía ese comportamiento. No comprendía por qué el pastor era así, por qué tenía que dejar a sus amigos y a las personas con quienes habíamos hecho una muy buena amistad. Teníamos sentimientos familiares y convivíamos muy hermoso con toda la iglesia.

Como soy una madre persistente que no tiene límites y que cree en ese Dios Todopoderoso que hace maravillas, puse la situación en oración. Luego, busqué en las páginas del directorio telefónico una iglesia de nuestra misma doctrina. Llamé y la persona que me contestó era la esposa del pastor de ese lugar. Sin conocernos, nos dieron una cita en su oficina. Nos contaron que la iglesia era en inglés y que necesitaban urgentemente quien les ayudara con la música. Cuando llegamos, el pastor nos dijo, en su poco español:

– Los veo entrar a ustedes y veo ángeles de Dios, Ustedes son una respuesta a nuestras oraciones.

Desde ese día nos recibieron como si nos conocieran de toda la vida. Mis hijos se gozaban en la presencia de Dios en ese lugar. Hicieron amigos y conocieron personas adultas muy amorosas. Aunque yo no entendía el idioma sí entendía el idioma celestial y me regocijaba en la presencia del Señor Jesús ya que había mucha libertad del Espíritu Santo. En ese lugar Dios nos consolaba, nos fortalecía, nos abrazaba y nos mostraba su gloria. Fueron tiempos muy hermosos.

La situación que nos pareció tan dolorosa, tan terrible y tan incierta para mí como madre y temí por la vida espiritual de mis hijos, Dios que es Soberano y sabe todas las cosas, convirtió nuestra tristeza en gozo y en grandes bendiciones. Esa circunstancia nos llevó también a animar y apoyar más a mi padre quien empezaba una iglesia en la ciudad de Whittier, California. Hoy existen dos iglesias muy hermosas fundadas por mi padre que son pastoreadas por mis hijos. Ellos, por la gracia de Dios, las recibieron como un legado de su abuelo Eduardo, quien ya partió a estar con el Señor Jesús.

Algo que quiero añadir a este relato es que nunca permití que el enemigo sembrara amargura o resentimiento en el corazón de mis hijos por ese pastor ni por persona alguna, al contrario, les enseñé a ver el propósito de Dios en todo. Él nos ayudó a madurar y a entender más cómo es que Él trabaja para bendecirnos y enseñarnos sus grandezas y su voluntad perfecta.

Hasta el día de hoy continuamos nuestra amistad y agradecimiento con los pastores de la iglesia en inglés.

Haz lo que tengas que hacer, pero lleva tus hijos al altar de Dios; condúcelos al conocimiento, a la protección y a la cobertura del altísimo. Como lo dice el *Salmo 91:"...bajo de sus alas estaré seguro".* Pon a esos hijos bajo la protección hermosa de Dios, pero con conocimiento, con entrega, con devoción y persuasión en amor. Actúa con firmeza, creyendo que en la persistencia hay un resultado glorioso, y que lo lograremos en el nombre de Jesús.

Busca en el diccionario la palabra persistencia.

1. Duración o existencia de una cosa por largo tiempo.

2. Firmeza y constancia en la manera de ser o de obrar.

¿Cuál es el valor de la persistencia?

La Real Academia Española define la persistencia como "la firmeza y constancia en la manera de ser o de obrar". Sin duda, se trata de un valor de vital importancia porque nos empuja a intentar alcanzar nuestros objetivos, aun cuando hayamos errado o fracasado en el camino.

Hay personas que logran alcanzar muchas cosas materiales, personales o sentimentales con base en la persistencia. Ellos continúan con firmeza por días, meses y aun años. La constancia, finalmente les permite lograr lo que ellos desean obtener o alcanzar. Me ha impactado mucho la historia de una madre llamada Rizpa.

"Y los entregó en manos de los gabaonitas, y ellos los ahorcaron en el monte delante de Jehová; y así murieron juntos aquellos siete, los cuales fueron muertos en los primeros días de la siega, al comenzar la siega de la cebada. Entonces Rizpa hija de Aja tomó una tela de cilicio y la tendió para sí sobre el peñasco, desde el principio de la siega hasta que llovió sobre ellos agua del cielo; y no dejó que ninguna ave del cielo se posase sobre ellos de día, ni fieras del campo de noche". 2 Samuel 21:9-10.

Creo que por más que nos esforcemos por visualizar esta terrible escena no alcanzaremos a entender la gran angustia de esta madre. Faltarían palabras y tiempo para describir ese cuadro tan doloroso.

De los siete varones dos eran de Rizpa y cinco de Mical. La Escritura no dice que las dos estaban cuidando los cuerpos muertos de sus hijos, solo habla de Rizpa.

¿Qué pasó con la otra madre? Ella tal vez pensaría: Ya están muertos. ¿Qué puedo hacer por ellos? No puedo estar allí pues soy hija de un rey y esposa de otro. No puedo estar noche y día defendiendo los cuerpos para que no se los coman los animales. Me doy por vencida. No puedo hacer nada. Ya es muy tarde para hacer algo por ellos. Ojalá que alguien más se apiade de ellos. Que alguien más los vigile y les espante las fieras.

Muchos padres piensan de esa manera sobre sus hijos. Creen que ya es muy tarde pues los ven sumergidos en drogas, en prostitución, en el alcohol. Muchos suponen que no pueden hacer nada por ellos al verlos muertos en delitos y pecados. Los demonios de mentira, engaño y suicidio vendrán en la noche, y en el día y rondarán sus vidas hasta destruirlas.

Las únicas personas en el mundo que los pueden ayudar a salir de allí están a la expectativa que quizás alguien más les pueda ayudar. Como padres sienten que ya están vencidos. Se sienten limitados y cargados, su propio dolor los hace impotentes para hacer algo por ese hijo o hija y consideran pasarle la situación a alguien más, o quizás a la iglesia.

Pero miremos a Rizpa.

También era esposa del rey.

Fue tan profundo el dolor de Rizpa que no le importó su posición, su dinero, su fama o el qué dirán. No se conformó con que sus hijos ya estaban muertos. No se rindió, aunque los vio colgando de unas sogas al aire libre, a las afueras de la ciudad y en un monte solitario. Sabía que ellos murieron injustamente pagando una deuda ajena, una venganza contra su padre.

Ellos eran el todo para esa madre. Ellos eran su alegría, su razón de vivir. Ella no se quedó inmóvil, paralizada, deprimida o llorando su angustia.

Ella actuó.

Tomó una tela áspera de costal, que significaba dolor y luto, y la tendió sobre un peñasco; un lugar tosco y duro. Era un sacrificio que debía hacer y, como cuenta la historia, estuvo allí aproximadamente unos seis meses.

"...y no dejó que ninguna ave del cielo se posase sobre ellos de día, ni fieras del campo de noche".
2 Samuel 21:10.

¿Cómo haría esta madre para defender los cuerpos muertos día y de noche? ¿Cómo se acostaba, se sentaba o estaba en pie sin casi poder comer o dormir y sin tener un lugar cómodo para descansar? Me imagino que mientras los cuerpos más se descomponían, más olor despedían y más se alborotaban las fieras, deseosas de carne.

Para una madre como Rizpa no había opción. No había otra cosa más que ella pudiera hacer sino defender a sus hijos amados de las aves y fieras que querían despedazar sus cuerpos. Puedo imaginarla con palos y piedras en el día y tratando de mantener el fuego en las antorchas por la noche. Me la imagino tirando piedras a los animales y recogiendo palos o leños para hacer fuego en la noche. Esta mujer no tenía tiempo para descansar, comer o pensar si algo le dolía o no; si el colchón era un problema o la comida estaba fría; si los zapatos le apretaban o los vestidos estaban repetidos en el closet. No tenía tiempo de mirarse al espejo o pensar si era amada, si era valorada o si era incomprendida. Ella solo se empeñaba en que sus hijos no fueran despedazados por los depredadores.

Si esta mujer, por amor a sus hijos muertos, no tuvo límites de tiempo, de espacio, no consideró los peligros; no le importó nada, ni nadie, ni aun su propia vida (ya que ella misma podía ser devorada por las fieras), ¿por qué nosotros nos limitamos de acuerdo al tiempo, al espacio, a la condición, a la oportunidad, y muchas cosas más que llegan a nuestras vidas? Cuando el enemigo llega para robar, devorar y dañar el cuerpo, el alma y la mente de nuestros hijos nos paralizamos, nos amedrentamos, nos encontramos enredados o distraídos en nuestros propios pensamientos, deseos y situaciones de la vida. Muchas veces dedicamos más tiempo a quejarnos y a lamentarnos de todo y permitimos que las circunstancias nos distraigan, nos desenfoquen, nos turben y aun, nos desvíen del verdadero objetivo y propósito por el cual Dios nos dio el privilegio y la oportunidad de ser padres.

Como padres debemos luchar persistentemente aprovechando toda oportunidad de levantar clamor por nuestros hijos asistiendo a ayunos, vigilias, retiros, cultos y todo lo que tenga un mover en Dios. Es necesario que nos decidamos, dediquemos y concentremos en defender esos cuerpos muertos sin Cristo Jesús y sin salvación. Es nuestra tarea hacer todo y de todo con el fin de arrebatar esas almas de las fieras que los quieren despedazar y dañar.

Esta mujer me inspiró muchísimo. Pienso que si, ella tomó esa actitud, si dio el todo por el todo, si tuvo coraje, tiempo, dedicación y aun persistencia para hacer lo que hizo por sus hijos (que estaban muertos), ¿cuánto más nosotros, aferrados a esa esperanza en Dios, podríamos hacer cosas inimaginables por nuestros hijos? La verdad es que cuando nos proponemos a hacer algo con determinación y gran amor, buscamos formas, ideamos planes, sacamos fuerzas de donde no las tenemos y recorremos las distancias que sean necesarias, no hay sacrificio en Dios, grande ni chico, que no podamos hacer por nuestros hijos.

Cuando como padres nos decidimos a conseguir algo, entonces lo hacemos y lo logramos por encima de todo y de todos. Porque…

CUANDO CREES PERSISTES…
Porque mientras haya vida hay esperanza.

"Y el Dios de esperanza os llene de todo gozo y paz en el creer, para que abundéis en esperanza por el poder del Espíritu Santo". Romanos 15:13.

CAPÍTULO 14

Cuando Crees Aceptas El Reto

A VECES LOS REGALOS DE DIOS VIENEN CON UN GRAN RETO.

"Antes bien, como está escrito: Cosas que ojo no vio, ni oído oyó, ni han subido en corazón de hombre, son las que Dios ha preparado para los que le aman".
1 Corintios 2:9

Han pasado los años y he vivido muchas experiencias en Dios, unas más leves y otras más fuertes. He visto a Dios obrar de muchas formas y maneras en mi vida y en la vida de otros.

Cuando empecé mi camino de ser madre estaba muy jovencita. Era una adolescente de dieciséis años y mis hijos llegaron rápido, casi uno detrás del otro. Así pues, a medida que pasaba el tiempo, deseaba que crecieran rápido para tener un tiempo más tranquilo y descansado con mi esposo. Anhelaba hacer muchas cosas que no habíamos podido realizar juntos en nuestros primeros años de matrimonio, sin embargo, nunca imaginé, ni por un momento, lo duro y lo difícil que es ver partir a los hijos de casa.

Disfrutaba mucho con mis hijos. Solíamos salir juntos, conversábamos, reíamos y jugábamos; había cumpleaños que celebrar y sorpresas que dar. De repente todo esto pasó y ya no había nadie para proteger y cuidar. Mis hijos se habían hecho tan importantes en mi vida que todo mi mundo giraba alrededor de ellos. Así que cuando "mi nido quedó vacío" lloré inundada de un sentimiento profundo de soledad. Recuerdo que a veces, mientras conducía, tenía que parar porque las lágrimas que me causaba ese sentimiento tan doloroso no me dejaban manejar, entonces llamaba a mi hijo Miguel David. Él, con amor y paciencia, me hablaba hermoso y luego oraba por mí. Otras veces llamaba a la esposa de mi pastor, la hermana Cristina Franco (una joven que tiene mucha sabiduría y amor de Dios). Ella me daba hermosas palabras que me consolaban.

En mi casa me postraba en mi cuarto, al lado de la cama, y le lloraba a Dios. Le pedía que me ayudara a pasar esa etapa de mi vida que nunca pensé que fuera a ser tan difícil. Con el tiempo me di cuenta y entendí que, *"Cosas que ojo no vio, ni oído oyó, ni han subido en corazón de hombre, son las que Dios ha preparado para los que le aman"*.

El Señor Jesús en su amor y misericordia me había preparado un hermoso regalo en forma de niña. Ella iba a ser mi compañerita en mi edad madura y mi vejez. Ese es mi Dios. Él siempre cuidó, cuida y cuidará de mí. Él ha sido fiel todos los días de mi vida. Cuando mi niña Molly tenía quince años Dios visitó mi casa con un regalo precioso: una preciosa niña. Era blanquita, chinita, con sus mejillas y sus labios rosaditos y una hermosa sonrisa. La llamamos Rebecca Amelia Rodríguez. En mi mente ya mi tiempo de criar había terminado. Había dedicado parte de mi adolescencia y todos mis años de juventud a mis primeros cuatro hijos. Puse todo mi esfuerzo, dedicación, sacrificio, entrega y pasión a ello; y cuando pensé que había terminado, empezaba otra vez con pañales, biberones, compotas y berrinches de niño pequeño. Otra vez a bañar, vestir y cuidar con esmero y dedicación a esa bebecita. Me parecía que no estaba preparada mental, emocional ni físicamente para hacerlo. Me rehusaba a recibir este reto de parte de Dios, aunque viniera con un gran moño rosado en forma de princesita. Pero Dios, en su gran amor, que sabe lo que nosotros en realidad necesitamos, me miró con misericordia y me dijo: Aquí te entrego esta bendición.

La bendición de mi Rebecca fue un reto bastante difícil de aceptar. A medida que la niña crecía, se hacía rebelde e imposible de manejar. Cuando tenía cinco años llamé a una psicóloga para que la evaluara. Ese día la niña se comportó como todo un angelito de Dios. Todo el tiempo que la psicóloga estuvo en la casa observándola, la niña se sentó en el borde de la chimenea de la sala principal y de allí no se movió para nada. Mejor dicho, un angelito le quedaba en pañales.

En un capítulo anterior les comenté que en un culto especial Rebecca se había quedado dormida en mis brazos y así la llevé al altar. Ese día se la entregué a Dios por completo, hice un pacto y sentí que Él me escuchó y me contestó de inmediato. Ese día mi corazón quedó tranquilo y confiado. Ahora estaba segura que mi niña, mi nuevo reto, terminaría en los brazos de mi Señor Jesús.

Como madre hice lo posible y hasta lo imposible. Derramé muchas lágrimas por mi regalo precioso de Dios. Fui muy cuidadosa y firme en las decisiones que tomaba para con ella. La crianza que le di, y le doy a mi niña, es la misma que le di a mis otros hijos. Rebecca fue moldeada con las mismas oraciones, ayunos y palabra de Dios. Le estorbé y la corregí siempre que consideraba que iba a hacer algo desagradable a Dios.

En ese proceso pasaron los años, y a medida que mis hijos se casaban y formaban sus hogares, mi niña Becky (como le gusta que la llamemos) recibía también corrección, consejos y ayuda de todos sus hermanos que la aman muchísimo.

Ella ha sido una niña con carácter firme y decidido. Esto hacía más difícil las cosas porque lo que ella pensaba que debía hacer o debía tener, era lo que debía hacerse y permitirse; pero se estrellaba con una madre que también era firme y decidida cuando se trataba de dar instrucción de lo que agrada y desagrada a Dios.

Cuando las cosas se ponían difíciles en ese nuevo reto, recurría a la oración y a la ayuda de mis hijos pastores. Si era necesario, la enviaba con ellos. Desde pequeña empezó a viajar en avión, a cruzar fronteras, siempre recomendada por azafatas. Como era una niña tan independiente, inteligente y muy capaz, se le hizo muy práctico viajar sola. Siempre iba recomendada, aunque ella no le tenía temor a nada, incluso yo me sentía confiada pues conocía la clase de niña que Dios me había dado; también porque creía que el Señor cuidaba de ella.

Cuando nos fuimos a vivir a la ciudad de Burlington, en Canadá, mi niña creció y se hizo una adolescente. Los pastores Franco y los maestros de escuela dominical jugaron un papel muy importante en su vida.

Una vez los maestros de escuela dominical le dijeron a la hermana Cristina, esposa de mi pastor en ese tiempo, que iban a sacar a Becky de la clase porque no la soportaban más. Les saboteaba las clases y no les permitía desarrollarlas. La respuesta de la esposa de mi pastor, que era la encargada de la escuela dominical, fue:

– Ustedes van a orar y ayunar por Becky. Todos vamos a interceder al Señor Jesús por ella, pero ustedes no me la van a sacar de clase.

Dios oyó esas oraciones y ellos se llenaron de amor de Dios por mi niña. Para gloria del Señor Jesús puedo decir que mi niña cambió muchísimo. Se bautizó en el nombre de Jesús, recibió el Espíritu Santo y empezó a servir en la alabanza.

Allí empezó otra disciplina para ella, con el hermano Danny Franco. Él le exigía puntualidad y seriedad en los ensayos, cosa que a ella no le gustaba. Solía quejarse del hermano, pero como mi posición siempre fue escuchar las dos partes, y más en este caso que era algo de servicio a Dios. Por lo regular, tomaba la palabra del adulto espiritual ya que conocía bien al hermano y su familia.

Al educar a mis hijos siempre les enseñé el respeto a sus mayores, dirigentes, maestros o cualquier figura de autoridad. En el caso de Becky, la instaba a pedir disculpas al hermano y a continuar porque el hermano lo que quería era formar algo bueno en ella. Ahora agradezco la forma de enseñanza estricta que le dio mi hermano a mi niña, con amor y paciencia. Hoy Becky es una mujer adulta que adora al Señor Jesús de una forma muy linda, con dedicación, entrega, devoción, sacrificio y con el corazón.

Podría contar muchas cosas sobre este regalo que Dios me dio en forma de reto, por ejemplo, el conducirla a encontrar la llave de la fuente de la oración. Becky sabía orar y sabía comunicarse con el Señor Jesús pero no sabía sumergirse en la oración, donde podía canalizar sus sentimientos, dolores y frustraciones en la presencia maravillosa de Dios que es el único que da descanso a nuestra alma.

Cuando Becky tenía dieciséis años viajamos a Colombia. Para ella era su primera vez en mi país natal. Nunca había estado en un país latino ya que nació en Estados Unidos y creció en Canadá. Fue un poco difícil para ella. Se sentía rara y fuera de lugar. A pesar que hablaba español no conocía muchas palabras autóctonas de Colombia. Nuestra gente es amigable y muy cariñosa y ella se sentía rara pues estaba acostumbrada a que las personas que no conocía guardaban su distancia y eran más reservadas. Otro factor que la afectaba era que no tenía a sus amigas cerca y se sentía muy sola. Un día se soltó en llanto y me dijo:

–Mamá, no puedo más. Estoy muy sola y muy triste. No puedo con esto.

–Hija mía, enciérrese en su cuarto, arrodíllese y dígale todo eso al Señor Jesús. Usted ya sabe cómo orar. Usted ya sabe cómo llegar a Él. Hágalo. Llore, grite si quiere y cuéntele todo a Él. Háblele como un amigo, como un hermano, como un padre. Háblele. cuéntele. Solo Él la puede escuchar y dar paz a su corazón. Hasta que no le descargue todo a Dios y sienta el descanso en Él, no salga del cuarto. Quédese allí todo el día si quiere, pero no salga hasta que no reciba la respuesta de Dios – le contesté.

Ella puso música cristiana y se encerró. Después de un tiempo salió con los ojos rojos de llorar, pero con una gran sonrisa. Su rostro estaba radiante y feliz. Esto se le hizo una costumbre hasta hoy. A veces estoy con ella y me dice:

–Mamá, no me interrumpa que me voy a encerrar con Dios en mi cuarto.

Es hermoso cuando aceptamos esos retos de parte de Dios. Es cierto que al comienzo podemos estar asombrados y hasta entrar en shock y preguntamos ¿Y ahora? ¿Cómo es? ¿Qué hago con esto? ¿Cómo lo voy a lograr?

Algo aprendí y se los comparto:

CUANDO CREES ACEPTAS EL RETO

"Porque yo Jehová soy tu Dios, quien te sostiene de tu mano derecha, y te dice: No temas, yo te ayudo". Isaías 41:13.

CAPÍTULO 15

Cuando Crees Te Deleitas
CUANDO LA PALABRA DE DIOS ES NUESTRO DELEITE

"Bienaventurado el hombre que teme a Jehová, y en sus mandamientos se deleita en gran manera. Su descendencia será poderosa en la tierra; la generación de los rectos será bendita". Salmo 112:1-2

La Biblia se ha convertido en un libro muy común que cada quien toma a su antojo. La gente escoge el versículo, la frase o la palabra que desea y la interpreta a su conveniencia. Muchos la señalan como un símbolo del fanatismo y la religión. Para otros, es el libro acusador y condenador que nadie quiere leer, y peor aún, es un objeto de decoración de la casa. Parece que no hay tiempo para dedicarle unos minutos al día para meditar en ella.

Digo tristemente porque si alcanzáramos a entender la grandeza y el poder que tienen las palabras de este libro que penetran la mente, el corazón, los tuétanos, los huesos y que se convierten en el alimento número uno del alma, la comeríamos cada día degustando bocado a bocado ese sabor dulce de la miel que abre nuestros ojos y alimenta nuestros sentidos espirituales.

La palabra de Dios es nuestra lámpara y luz en nuestro sendero que ilumina nuestras vidas dándonos conocimiento de lo que le agrada y lo que le desagrada a Dios, entonces podemos caminar obedeciéndole en rectitud y sabiendo que en ese caminar conducimos a nuestros hijos hacia una gran bendición.

Cuando nos deleitamos en la palabra de Dios, aunque lleguen problemas y dificultades podremos decir como el rey David en el *Salmo 119:92: "Si tu ley no hubiese sido mi delicia, ya en mi aflicción hubiera perecido"*.

Cuando aprendemos a gozarnos en la palabra de Dios comienzan a suceder en nuestras vidas cosas maravillosas, obtenemos sanidad del alma, de la mente y del corazón y el Señor Jesús despeja toda confusión. La Palabra nos alienta y nos da consuelo en la aflicción y en la tristeza. Con ella somos ¡más que vencedores!

"Nunca se apartará de tu boca este libro de la ley, sino que de día y de noche meditarás en él, para que guardes y hagas conforme a todo lo que en él está escrito; porque entonces harás prosperar tu camino, y todo te saldrá bien". Josué 1:8.

Siempre he creído, y sigo creyendo, que cuando la Biblia dice: Nunca se apartará de tu boca, es porque está en ti todo el tiempo, la has depositado en tu mente y en tu corazón; entonces, como de la abundancia del corazón habla la boca, ella fluye a medida que tú hablas con sabiduría y hace que tu descendencia sea poderosa en Dios, destruyendo fortalezas de desobediencia, de rebeldía que se levantan para poner contiendas y pleitos entre nosotros y nuestros hijos. Cuando hay unos padres que expresan palabras dirigidas por Dios para edificar, construir, animar, alentar y fortalecer, es ahí donde esos hijos se doblegan y su corazón se hace noble. Es que ante la palabra de Dios nadie puede resistirse. Ningún argumento contrario se levanta victorioso para perturbar o robar la paz del hogar.

"Mucha paz tienen los que aman tu ley, y no hay para ellos tropiezo". Salmos 119:165.

"Entre tanto que voy, ocúpate en la lectura, la exhortación y la enseñanza ". 1 Timoteo 4:13.

Cuando nos ocupamos en entregar esta palabra de Dios a nuestros hijos, con una enseñanza clara, con una buena explicación, ellos la atesorarán de una manera más fácil en su mente y en su corazón. Conocerán de un padre bueno que nunca les va a fallar, alguien que nunca los avergonzará ni maltratará; un amigo fiel, un consejero perfecto, un proveedor, un médico, un abogado y salvador. De esa manera aprenderán a amarlo tanto que nada ni nadie los separará de ese amor tan grande.

Me causa una gran tristeza cuando hablo con ciertos niños, adolescentes o jóvenes, hijos de hermanos en la iglesia, que no saben nada de la palabra de Dios y muchas veces no entienden lo que el pastor o el líder predica. Creo que ellos no han tenido unos padres que se interesan en escudriñar las Escrituras con ellos en casa. No se han tomado el tiempo para enseñarles con paciencia, con dibujitos, con ejemplos prácticos, las grandezas de nuestro Dios. Son padres que no alcanzan a entender la importancia de conducir a sus hijos a estudiar la palabra de Dios, y que ella sea un deleite para ellos.

A veces no alcanzamos a visualizar que ese niño pequeño que tenemos en casa un día se hará un adolescente y un joven, que de acuerdo a la preparación y las herramientas que le hayamos dado así afrontará las dificultades y los problemas que se le presenten en la vida.

La palabra de Dios contiene todo lo que nuestros niños y jóvenes necesitan para crecer sanos en todo aspecto. ¿De qué manera los estamos motivando y enamorando de ella para que esta termine convirtiéndose en un deleite en sus vidas?

Permítame ilustrar mejor este punto:

El rey David no nació siendo un rey. Él era un jovencito que pastoreaba ovejas. En esa época, mientras se hacía adolescente, aprendió la grandeza de su Dios. Allí tuvo las experiencias más hermosas y conoció la voz de Dios. Aprendió a ser fuerte al enfrentarse a las dificultades en el nombre de Jehová de los ejércitos de Israel. Allí fue donde ese pastorcito de ovejas tuvo momentos de mucha intimidad con Dios. Si el gran rey David no hubiera vivido todo esto en su etapa temprana, más tarde, en su juventud, no hubiera enfrentado y vencido al gigante. Y es que a partir de esta gran victoria sabía que ningún gigante le iba a ser frente en todos los días de su vida.

David tuvo muchas batallas y grandes victorias, pasó por muchas situaciones difíciles; pero las venció gracias a la formación que recibió de niño y adolescente en el campo con las ovejas.

"Vino, pues, David con los suyos a la ciudad, y he aquí que estaba quemada, y sus mujeres y sus hijos e hijas habían sido llevados cautivos. Entonces David y la gente que con él estaba alzaron su voz y lloraron, hasta que les faltaron las fuerzas para llorar. Y David se angustió mucho, porque el pueblo hablaba de apedrearlo, pues todo el pueblo estaba en amargura de alma, cada uno por sus hijos y por sus hijas; más David se fortaleció en Jehová su Dios. Y dijo David al sacerdote Abiatar hijo de Ahimelec: Yo te ruego que me acerques el efod. Y Abiatar acercó el efod a David. Y David consultó a Jehová". 1 Samuel 30:3.

Aquí vemos una situación bastante dura para David en su vida adulta. Ni sus padres ni él se imaginaron las duras pruebas que enfrentaría en su edad adulta. Creo que ese tipo de situaciones enloquecerían al más cuerdo, descontrolarían al más tranquilo y desalentarían al más fuerte. Pero gracias a las experiencias y al conocimiento que David aprendió de Dios a edad temprana pudo afrontarlas.

Para David la palabra de Dios era lo más importante y lo más grande en su vida. En los momentos donde nadie podría pensar ni razonar, él tuvo la fortaleza para consultar en la ley de Dios y decidir qué hacer.

El salmo 119 tiene ciento setenta y seis versículos. En la mayoría de ellos, por no decir todos, David expresa lo que era la palabra de Dios para él como hombre, rey y profeta. Se dice que él era un hombre conforme al corazón de Dios y que alababa al Señor como nadie lo había hecho, tenía una gran pasión y gozaba de una profunda comunión con Él; por eso escribe:

"Me regocijaré en tus estatutos; no me olvidaré de tus palabras" (Salmo 119:16), y aun añade: "He deseado tu salvación, oh Jehová, y tu ley es mi delicia" (Salmo 119:174).

Debemos sumergirnos en la Palabra. Ella debe ser nuestro deleite, ella es el martillo que quebranta todo muro que se levante entre padres e hijos. Ella debe ser la luz que llevemos a nuestros hogares para que no entren las tinieblas.

"Lámpara es a mis pies tu palabra y lumbrera a mi camino". Pásale esa lámpara a tus hijos.

Así como los padres expresan el amor a sus hijos proveyéndoles cosas materiales, también ellos recibirán la provisión de Dios expresada con amor, con revelación, con unción, con convicción y con pasión. No lo hagas por imposición.

Me gusta un dicho que escuché de mis hermanos mexicanos: "Los zapatos ni a la fuerza entran". No es a las malas, no es con regaños, con amenazas o con gritos, así nunca vamos a lograr nada en ellos. Se trata de vencer con amor, con respeto y con el Espíritu Santo guiándonos por medio de la palabra de Dios. Lo que grabemos en nuestra mente y corazón será fácil de transmitir luego a nuestros hijos, entonces, podremos darles las herramientas que les ayudaran el resto de sus vidas.

Porque, CUANDO CREES, TE DELEITAS EN ÉL.

"Deléitate asimismo en Jehová, Y él te concederá las peticiones de tu corazón". Salmos 37:4.

CAPÍTULO 16

Creer Hasta...
QUE CRISTO SEA FORMADO EN NOSOTROS

"Hijitos míos, por quienes vuelvo a sufrir dolores de parto, hasta que Cristo sea formado en vosotros". Gálatas 4:19

Siendo muy joven, a mis diecisiete años, esperaba mi primer hijo con una expectativa muy grande. Cuando lo recibí en mis brazos sentí una felicidad indescriptible, sin embargo, pensaba que no sabía nada de cómo ser mamá; y menos siendo una hija única, mimada y consentida por mi madre. Me encontraba en un panorama bastante difícil pues en el nacimiento de mi hijo mi madre no pudo estar conmigo porque estaba junto a padre haciendo misión en el país de Bolivia.

Era un gran reto. Casada con un peruano, en un país desconocido, sin lazos familiares que me generaran confianza y seguridad en ese momento. Conocí a la familia de mi esposo el día que me casé. No teníamos contacto muy seguido con ellos, excepto algunos encuentros los domingos para salir a almorzar.

Me encontraba muy sola, sin mamá, sin familia, sin hermanos en la fe y sin amigas.

Aun así, asumí el reto de ser mamá con mucha valentía y siempre pensando que tenía un Dios que me ayudaría a salir con bien de esa situación.

Las madres, por naturaleza, tenemos el don de ser protectoras, amorosas y cuidadosas; así que lo que no sabía me lo inventaba o preguntaba a una vecina o a alguien, pero eso de ser mamá no me quedaría grande. Ya estaba ahí, tenía que continuar, y de la mejor manera posible.

También descubrí que la palabra de Dios podía ser la fuente de información más completa en esta gran misión. Ella era mi guía en todo momento de lo que debía y no debía hacer, fue la base que tomé para comenzar a formar bajo sus enseñanzas a esa bella criatura que Dios me regaló. Esa fe, ese creer que me habían enseñado mis padres era grande en mí, así que me movía y actuaba en ese creer que si Dios estaba conmigo y hacía lo que Él me indicaba todo iría bien.

Algo que siempre estuvo presente en mi ser era que esa pequeña criatura que recibía en mis brazos, tan inocente, tan indefensa y tan necesitada de mí era mi responsabilidad y debería mantener su mentecita, su corazoncito bien cuidados, protegiéndolo de una manera especial durante todo su crecimiento.

Como padres recibimos estos seres tan anhelados, tan hermosos, que nos traen tanta felicidad; pero tan frágiles mental y emocionalmente, que estas tiernas criaturitas vienen con su cerebro en cero, en blanco. De nosotros depende todo lo que depositamos en ellos ya que lo llevarán toda su vida, de ahí dependerá su éxito o fracaso, de ahí dependerá su estabilidad, emocional, social, espiritual y física para todo su existir.

Los primeros cinco años de vida del niño deben ser los más cuidados, los más alimentados en todo aspecto; porque un niño no se alimenta o se cuida solo con buena leche, buenas compotas, buenas cobijas, ropa antialérgica o pañales de marca. No es suficiente proveerle una habitación decorada con los mejores muebles, con su buen monitor y todas las normas de seguridad para el niño. También es supremamente importante que cuidemos lo que depositamos en su cerebro, sobre todo, lo que el niño ve y escucha y cuáles son sus primeras memorias.

En ocasiones la madre cree que porque es un bebé o porque el niño está chiquito no importa lo que vea o escuche porque no entiende. Eso no es así. Por eso vemos niños demasiado llorones, irritados, gritones, malhumorados y difíciles de controlar porque su mente ha estado expuesta a ver y/o escuchar cosas que lo confunden. Esa confusión hace que reaccionen de esa manera pues no saben expresar sus sentimientos, ni emociones como lo haría una persona adulta. Lamentablemente algunos padres no entienden esto y exponen la mente y el corazón de sus hijos a situaciones que no les benefician, como el bombardeo de las redes sociales o sentándolos frente a una pantalla sin que ellos sepan ni entiendan lo que pasa allí.

Ellos recibirán todas esas emociones que transmiten los actores o los dibujos animados por medio de situaciones llenas de envidias, pleitos, odios, brujerías, hechicerías, venganzas, abandono, golpes. Y así se va alimentando el cerebro y el corazón del niño con emociones que ocasionan comportamientos que no son los que esperamos ver en nuestros hijos y que luego se manifiestan en pesadillas y reacciones que alteran su comportamiento. Si a nosotros como adultos algunos tipos de programas, imágenes, incluso sonidos, se nos quedan grabados y alteran nuestras emociones y descontrolan nuestro diario vivir y dormir y no sabemos cómo retirarlas de nuestra mente, cuánto más a un bebe o a un niño indefenso. Tenemos, por amor a ellos, el deber de cuidarlos de todo aquello que no les es benéfico y exponerlos más constantemente a aquello que los ayudará, potenciará y les hará mejores personas, mejores seres humanos. ¡Cuidemos lo que ven y oyen!

Cuando entendemos que ese bebecito que fue formado en lo más profundo de nuestro ser a imagen y semejanza de Dios y que es dado a nosotros como herencia de Jehová, como lo dice su palabra: *"Porque tú formaste mis entrañas; tú me hiciste en el vientre de mi madre. No fue encubierto de ti mi cuerpo, bien que en oculto fui formado, y entretejido en lo más profundo de la tierra. Mi embrión vieron tus ojos, y en tu libro estaban escritas todas aquellas cosas que fueron luego formadas, sin faltar una de ellas"* (Salmo 139:13-16), viene con una conexión con su Creador, sabremos que nuestra misión en esta tierra como padres es que continúe esa conexión con nuestro ejemplo pues nuestras palabras y actos tendrán eco en la vida de ellos hasta que sean adultos.

Si aprovechamos el hecho que al niño no le es desconocido alabar o adorar a Dios, con sabiduría, amor y constancia le enseñaremos dándole la opción que Cristo sea formado en sus vidas. Así que, entendiendo todo esto, empezamos a depositar en su cerebro el conocimiento de Dios para que logre una hermosa conexión con su Creador. Empezamos a ministrar alabanzas, le enseñamos la palabra de Dios, le creamos un hábito y un ejemplo en la oración. Así que cuando lo levantamos decimos: "¡Gracias, Señor por este lindo día!".

Cuando va a comer: *"Gracias Señor por estos alimentos. Bendícelos Señor Jesús. Amén".*

Para acostarse: *"En paz me acostaré y así mismo dormiré, porque solo tú Señor Jesús, me haces vivir confiado".*

¿El bebé repite todo eso? No. La madre o el padre lo hace y él irá escuchando y lo reconocerá como un hábito. Después, a medida que crece y aprende a hablar, tú escucharás que lo repite. De esta manera, la relación con Dios que ha empezado desde su cuna, se intensificará a medida que va creciendo. Luego, de acuerdo a su edad, le irás agregando nueva información sobre Dios hasta que esto haga parte de su vida diaria.

Al crecer y volverse un adolescente, el hábito que se ha formado, esa práctica de relación con Dios, no representará una molestia o un fastidio; al contrario, se convierte en un continuo aprendizaje y así poco a poco se va formando Cristo en él.

Esto lo experimenté con mis cinco hijos. Fui una madre que desde antes de que ellos nacieran ya estaba trabajando en formar a Jesucristo en sus vidas. Así que Cristo debe crecer en el alma de esa criaturita que recibimos al nacer. Es nuestra tarea que esto sea una realidad a través de los años.

Siento paz al saber que mis hijos y sus parejas están haciendo un buen trabajo como padres. Ellos están luchando y dando lo mejor para educar, instruir y llevar sus hijos a los pies de Cristo, conduciéndolos hacia la eternidad. Gracias a la instrucción que recibieron en el pasado saben y entienden el propósito de Dios en sus vidas y en las de sus niños, haciendo todo para que Cristo sea formado en ellos.

¿Cómo estamos formando a Cristo Jesús en nuestros hijos? Porque como padres, debemos.

CREER, HASTA que Cristo sea formado en nosotros y en nuestros hijos.

"Hasta que todos lleguemos a la unidad de la fe y del conocimiento del Hijo de Dios, a un varón perfecto, a la medida de la estatura de la plenitud de Cristo". Efesios 4:13

CAPÍTULO 17

Cuando Crees... No Hay Distancias

DAMOS LA EXTRA MILLA

"Ninguno tenga en poco tu juventud, sino sé ejemplo de los creyentes en palabra, conducta, amor, espíritu, fe y pureza". 1 Timoteo 4:12

"Pero tú sé sobrio en todo, soporta las aflicciones, haz obra de evangelista, cumple tu ministerio". 2 Timoteo 4:5

Un deseo general en los jóvenes es querer vivir para sí mismos y realizarse en todas las áreas de sus vidas. Eso está bien, pero ¿dónde queda Dios y el hogar? Personalmente pienso que se puede hacer una cosa sin dejar de hacer la otra.

¿Qué estoy tratando de decir con esto? Que como padres podemos levantar jóvenes que estudien, hagan sus carreras universitarias, se gradúen, obtengan buenos trabajos y que a su vez levanten hogares bien formados y constituidos en el temor y la voluntad de Dios. Qué hermoso ver que se levantan jóvenes a servir a Dios en algún ministerio en la iglesia, ya sea permanente u ocasional. Es fundamental mantener ocupados a nuestros hijos en el servicio al Señor. Como dice el apóstol: *"...que se ejerciten en la piedad"*. Estoy segura que es la mejor manera para que nuestros jóvenes se afirmen y crezcan más en Dios.

En el servicio a Dios se viven grandes experiencias a nivel espiritual. Allí podemos ver su misma gloria. Es extraordinario cuando sentimos y vemos la obra que Dios hace en otros.

Existen muchos ejemplos en la Biblia de jóvenes que dispusieron sus vidas a servir a Dios. Muchos de ellos nacieron con ese llamado y venían al mundo con un trabajo específico para Dios, otros eran llamados a medida que crecían.

Jóvenes como Josué, Moisés, José, Samuel, David, la criada de Naamán, Josías, Jeremías, Ester, Daniel, Juan y Timoteo, entre otros, eran jóvenes como son sus hijos y mis hijos; solamente que si nosotros los ayudamos a que se dispongan a dar esa extra milla en Dios, podrán entender y obedecer el llamado al servicio a Dios.

Como les he mencionado en los capítulos anteriores, mis hijos, Eduardo, Miguel David y Carlos, tuvieron conocimiento de la palabra de Dios desde pequeños. Ellos han vivido experiencias que han marcado sus vidas y que han confirmado su llamamiento especial de servicio a Dios. Cada uno lo recibió de manera diferente.

Eduardo estuvo tres días hablando en lenguas y lleno de la presencia de Dios. Ese día El Señor Jesús marcó su vida para siempre. Esto lo llevó a tener un deseo grande de servir a Dios en la iglesia en diferentes áreas, como músico, como presidente de jóvenes y después salió a predicar a Los Ángeles, California.

Cuando mi hijo Eduardo tenía diecinueve años hizo su primer dominical como pastor. Ese domingo mi esposo y yo fuimos a acompañarlo y conocimos el lugar donde desarrollaría su ministerio. Eduardo nos predicó solo a tres personas, aun así, hizo el culto como si se estuviera dirigiendo a mucha gente. Nosotros lo acompañábamos de vez en cuando ya que prácticamente había empezado una misión y queríamos respaldarlo en lo que pudiéramos.

Los meses siguientes, cuando ya había un bonito grupo en ese lugar, Eduardo fue trasladado a Mesa, Arizona. Esa ciudad es tan caliente que se puede freír un huevo en el piso de la calle, además es supremamente árida y bochornosa.

Allí estuvimos como padres haciendo otra milla extra para nuestro hijo.

Queriendo ser esos ojos extras para este joven pastor, me dispuse a acompañarlo y ayudarlo a que se instalara en el lugar. Miraba que no solamente estuviera confortable físicamente sino también que su vida espiritual estuviera protegida en todo aspecto. Doy gracias a Dios que mi hijo, a pesar de su juventud, tenía muy buenas bases en el conocimiento de la palabra de Dios. Él ha sido obediente y muy entendido.

De la manera que Loida y Eunice instruyeron a Timoteo, así hicimos con Eduardo. De hecho, él tenía un abuelo que lo enseñaba en todo lo relacionado con el ministerio. Esas idas nuestras a Arizona para darle una miradita a mi hijo no se me hacían largas ni pesadas, porque cuando se trataba de CREER que mis hijos son y serán de Dios NO HAY DISTANCIAS. Siempre daba la extra milla.

Lo mismo pasó con Miguel David, mi segundo hijo. En un retiro para jóvenes de la iglesia Central de Cali recibió el llamamiento a servir al Señor Jesús cuando era un adolescente. La llama que Dios puso en él no se apagó en los meses y años siguientes, al contrario, se hacía más y más fuerte. Esa unción le ayudó a vencer todos los obstáculos e inconvenientes que se le presentaron en el momento en que empezó en el servicio a Dios. Sabía quién lo había llamado.

Cuando nos fuimos a vivir a Estados Unidos, Miguel empezó a desarrollar con más fuerza su deseo de servir al Señor Jesús. Trabajó fuertemente en la alabanza y después en liderazgo con los jóvenes. Su servicio a Dios no le impidió estudiar, graduarse de su bachillerato y después estudiar Administración de Empresas. Mientras estudiaba obedecía al llamado de Dios. Es así como salió a la obra a los veinte años y recibió una iglesia en Los Ángeles.

Allí estuvieron también sus padres, haciendo la milla extra. Lo visitábamos, lo apoyábamos y también le dábamos consejos.

En ese tiempo consiguió una novia. Una jovencita de la iglesia. Agradezco a Dios que la obediencia que lo caracterizó siempre le ayudó a llevar en alto este hermoso Evangelio. Es así como pudo tener un hermoso final en victoria. Se casó con esa joven y formó un precioso hogar. El día de la boda se sentía la presencia y el amor de Dios en la iglesia de una manera muy especial. Mi hijo tenía su ayuda idónea, ya tenía su compañera, la cual sería esos dos ojos extra para orar, cuidar, interceder, y caminar esa milla extra a su lado.

Mi tercer hijo, Carlos, nació marcado por Dios para su servicio. Desde su niñez tuvo experiencias hermosas con Dios. Durante su adolescencia gozó de momentos especiales en Él. Se convirtió en todo un vencedor, con una relación muy íntima con Dios. Sirvió en la música y llevó la palabra de Dios a los jóvenes en la iglesia.

Con este jovencito caminé muchas millas extras, literalmente.

Recuerdo llevarlo en nuestro carro a escuelas cristianas privadas. Para que pudiera estudiar allí tuve que tomar un tercer trabajo, muy duro, por cierto. Hacía el mantenimiento de los jardines en unos bloques de apartamentos al rayo del sol y el agua. Tan pronto como recibía el cheque por mi trabajo, lo entregaba para el pago de la escuela.

Cuando Carlos se graduó de la escuela superior surgió otro reto. El colegio bíblico. Otra milla extra por recorrer.

El colegio quedaba a siete horas de distancia, en Stockton C.A. Lo instalamos y lo organizamos lo mejor que pudimos en su habitación, revisamos quiénes eran sus compañeros de cuarto y recorrimos las diferentes áreas de la institución; luego regresamos a casa porque no había una milla extra que yo no pudiera recorrer por mis hijos.

Si tú eres uno de esos padres que han visto que su hijo o hija tiene un llamado o un deseo de servir a Dios, entonces apóyalo. No lo desanimes.

He visto a muchos jovencitos fervientes por servir a Dios que en vez de recibir respaldo de su familia solo reciben oposición. Aquellos que se supone deberían caminar la milla extra con ellos, les ponen obstáculos y esto termina por enfriarlos. Con el tiempo estos muchachos desisten y hasta pierden la fe. Tristemente he visto algunos apartados de Dios. Entonces, cuando sus padres quieren corregirlos por algo rechazan la disciplina y se tornan rebeldes, groseros y viven vidas desordenadas. Desde luego esto causa mucha aflicción a sus padres, quienes desean que sus hijos vuelvan al Señor.

Por favor padres ¡apoyen, cuiden, respalden y caminen la milla extra con sus hijos!

Porque CUANDO CREES, NO HAY DISTANCIAS… Damos la milla extra.

"Y el niño crecía y se fortalecía, y se llenaba de sabiduría; y la gracia de Dios era sobre él… y cuando tuvo doce años, subieron a Jerusalén conforme a la costumbre de la fiesta. …Y aconteció que tres días después le hallaron en el templo, sentado en medio de los doctores de la ley, oyéndoles y preguntándoles. …Y Jesús crecía en sabiduría y en estatura, y en gracia para con Dios y los hombres". Lucas 2:40,42,46 y 52

CAPÍTULO 18

En El Creer Se Protege El Corazón
LAS RELACIONES SENTIMENTALES

"El que halla esposa halla el bien, Y alcanza la benevolencia de Jehová". Proverbios 18:22

Una madre sabia, aconsejando al hombre más sabio que ha existido en el mundo, el cual empezó a reinar a su tierna edad, un día le dijo: *"¿Y por qué, hijo mío, andarás ciego con la mujer ajena, y abrazarás el seno de la extraña? porque los caminos del hombre están ante los ojos de Jehová, y él considera todas sus veredas". Proverbios 5:20-21*

Ella le instaba a que se cuidara de las mujeres extrañas que no eran de su mismo linaje ni de su misma realeza y no creían, pensaban y sentían como él. Le aconsejaba que se cuidara de las mujeres coquetas y fáciles que engañan a los hombres para llevarlos al mal y a que pierdan su alma, que los desvían del camino y del verdadero propósito de Dios en sus vidas y los aparta de la verdad. Esta madre le advertía a su hijo que si les prestaba la mínima atención su vida sería triste y desesperada. Esto lo llevaría a tanta confusión que terminaría consumido en un profundo dolor y hasta encontraría la muerte.

Si leemos el libro de Proverbios, especialmente el capítulo 5, veremos a una madre inteligente enseñando a su hijo sabiduría, cordura e inteligencia.

Cuando mis hijos aún no habían nacido oraba por la vida de ellos. Una de mis peticiones era por su vida sentimental y por las que serían sus esposas el día que formaran su hogar. Cuando les llegó el tiempo de enamorarse (digo el tiempo porque cuando el amor llega no tiene edad) fue para mí un momento para redoblar la oración. Debía reforzar la vigilancia y reafirmar conceptos sobre ese tema con ayuda de la palabra de Dios.

Ellos tuvieron una adolescencia y juventud muy linda. El Señor Jesús nos permitió ver el fruto del trabajo de mis padres en la iglesia de Whittier en sus comienzos. Empezaron a llegar jovencitas hermosas por dentro y por fuera, también jóvenes que venían de otras iglesias a buscar a nuestras jóvenes. Con todos se hacía un gran y hermoso grupo.

Los viernes en la noche, sábados en la tarde o domingos después del servicio de la tarde nos íbamos todos, madres, padres, hijos, a la playa. Visitábamos las tiendas y comíamos algo rápido. A veces éramos un grupo de quince, veinte y hasta treinta personas caminando por las calles de Santa Mónica. Paseábamos por el muelle. Nos tomábamos fotos.

Jóvenes y adultos riendo, cantando, pasando momentos muy divertidos. Éramos como una gran familia.

Los jóvenes amaban salir con los adultos porque "donde nada se debe nada se teme". Ellos no pensaban en esconderse de los mayores para seguir sus pasiones o hacer desorden. Nos divertíamos sanamente. Todos nos sentíamos felices, transparentes y reales pues lo que decíamos o creíamos, así mismo lo vivíamos.

Mis hijos siempre deseaban estar con su mamá. Me rogaban muchas veces que saliéramos todos juntos. Así Dios me ayudó a formar bases sólidas y firmes en sus vidas sentimentales. Las jovencitas que se les acercaban sabían que ellos eran firmes en sus convicciones.

Cuando me tocaba enseñarles a las jovencitas de la iglesia, les decía que un joven espiritual no se fijaría en una niña carnal (bueno, no digo que toda regla no tenga su excepción, pero la mayoría es así); así que ellas también se comportaban a la altura. Cuando llegaba algún joven nuevo, desacomodado mentalmente en sus principios morales, se alineaba al mirar el ejemplo que le daban los jóvenes de la iglesia.

El primero de mis hijos en enamorarse de una forma intensa (tanto que terminó casándose) fue Miguel David. Tenía veinte años cuando pensó en esa posibilidad. Era muy joven. Me recordaba a su papá quien se casó conmigo cuando tenía veintiuno y yo dieciséis. Cuando Miguel David tenía veintiún años y Kristel diecisiete decidieron casarse. Ella era menor de edad. Nos tocó convencer a su padre para que firmara el permiso para que fueran al juez.

En su noviazgo redoblé vigilancia y consejos. Gracias a Dios ellos fueron pacientes, obedientes y muy sujetos a sus padres; quienes les inculcábamos el temor a Dios en su relación. Agradezco a Dios porque ellos formaron un bello hogar con tres hermosos hijos: Leilany, Isabella Mia y David Josías.

Aquí se cumple la palabra de Dios: *"El que halla esposa halla el bien, Y alcanza la benevolencia de Jehová"*. Mi hijo halló una excelente esposa que siempre ha cuidado de él, de su ministerio y de sus hijos, como toda una mujer sabia. Ella ha sabido edificar su casa con principios hermosos de amor, oración y la palabra de Dios. Además, ha sido un apoyo y un respaldo para que su esposo continuara el llamado de Dios, ya que una vez que Dios llama hay un fuego encendido en el corazón que quema por servirle a Él todos los días de la vida.

Agradezco a Dios por mi nuera Kristel. Con su excelente testimonio ha impactado a otras mujeres para Dios, y junto a Miguel David sirven al Señor Jesús en el ministerio, en cargos nacionales, distritales y en su iglesia local en la ciudad de Whittier C.A.

Porque *"en el creer, se protege el corazón".*

Mi hija Molly fue la segunda en casarse. El Señor Jesús le mandó desde Roma, Italia, un jovencito que se enamoró de ella. Cuando este joven vino a cortejar a nuestra niña nos sorprendió muchísimo la manera cómo llegó a nuestra casa a pedir permiso para comenzar una relación de noviazgo con ella.

Hoy en día esto no se ve en los jóvenes. Me refiero a tener a los padres en cuenta o pedir permiso para enamorar a sus hijas.

Él no solo nos pidió permiso a nosotros sino también a sus hermanos y a sus abuelos. Esa actitud le abrió las puertas de nuestra casa, de nuestra familia y de nuestros corazones. Recuerdo que de una forma muy cortés y educada nos dijo que acataría las reglas de la familia (teníamos varias por cierto, y mucho más cuando se trataba de cuidar el corazón de nuestros hijos). Este jovencito enamorado volaba desde Roma hasta los Ángeles tres veces en un año a visitar a nuestra hija, a nuestra princesita.

Podrán imaginarse lo que es recibir una niña después de tres varones. Gracias a Dios ella fue muy obediente siempre, y junto a él cuidaron de cumplir todas las condiciones que se les puso para que llevaran su noviazgo.

–Hijita, un hombre así tan perfecto no puede existir en este planeta – recuerdo que le decía.

Créanme, yo le buscaba con lupa algún defecto, alguna palabra, reacción o una salida de tono. Buscaba que ante nosotros fuera una cosa y por detrás estuviera influyendo en Molly de alguna manera para desobedecer las reglas de sus padres, que tal vez ese joven no amara a Dios lo suficientemente como para impedir que esta relación continuara.

Aunque Molly era muy jovencita, estudiaba para ser maestra de niños. Para ese tiempo servía al Señor en la alabanza de la iglesia y había grabado su primer CD. Siempre tuvo un testimonio intachable. Era mi niña "modelo". Así ha sido desde que nació. Muy calmada, muy tranquila, muy obediente, amorosa. Era como mi "chicle". Pegada a mí todo el tiempo.

En ese deseo de proteger el corazón de mi niña, miraba a su supuesto pretendiente con el lente de mamá, podía observar a un jovencito que había sido instruido en los caminos del Señor por su madre e impactado por el ministerio de su abuelo, un misionero apostólico italiano que había vivido en Argentina. Este joven era un "Timoteo", a quien le habían inculcado el temor a Dios tan maravilloso que lo reflejaba en todos sus actos y compromisos.

Llegó el día que le pidió matrimonio. Recuerdo que fuimos a un restaurante muy bonito y allí participamos de ese día tan especial para nuestra niña.

El día que Natanael y Molly se casaron, entregué a mi hija muy feliz, con lágrimas en mis ojos; pero con una profunda paz, segura que ese sabio y buen hombre la cuidaría, protegería y la haría feliz. Han pasado los años y ya tienen dos hermosas niñas: Katelyn y Elizabeth. Cada día se aman más y se complementan el uno al otro. Ella le ha apoyado siempre en los deseos de servir al Señor Jesús y tienen un hogar basado en la oración, la enseñanza de la palabra de Dios y la paz de Dios llena sus vidas de una manera maravillosa.

Porque "en el creer, se protege el corazón".

Programamos viaje al Canadá en busca de nuestros papeles migratorios. Viajamos casi toda la familia, incluyendo mis padres.

Mi hijo Carlos se acababa de graduar del colegio bíblico y quedó a cargo de la iglesia en Apple Valley, California, una hermosa congregación donde en la actualidad sirve a Dios como pastor. A pesar de ser tan joven, Carlos siempre fue muy sabio y entendido. Esto hizo que fuera más fácil guardar su corazón al momento de buscar su pareja con quien formaría su hogar.

Lo llamaba a diario, a veces hasta dos y tres veces al día. Siempre le preguntaba qué hacía y le daba los consejos de mamá o de la palabra de Dios. En ocasiones, cuando estaba en oración, el Espíritu del Señor me movía a llamarlo y darle palabra directa de parte de Él. Con Carlos me pasaba como le pasó a Ana con Samuel. Ella sabía que él era un jovencito que debía cuidar con especial esmero porque había sido escogido por Dios con un propósito específico.

Su hermano Miguel David, que pastoreaba la iglesia de Whittier en reemplazo de Eduardo Jr, era el encargado de velar por su hermano Carlos en mi ausencia. Nos repartimos esa responsabilidad que teníamos ante Dios. Un día me llamó y me dijo:

—Madre, siento que ya es el momento que Carlos se case. Ya Dios me mostró la joven para él, pero no sé cómo le vamos a hacer para que él también desee estar con esta joven, se enamoren y se casen. Así que madre, doble oración y ayúdeme a interceder por esto.

Miguel David comenzó a hacer de cupido y Dios a obrar en el corazón de Carlos hacia la joven. Cuando mi hijo quiso casarse, lo primero que hizo fue ir a donde la madre de la joven y pedir su consentimiento para llevar a cabo una relación firme y estable. La madre de la chica era una mujer aguerrida en Dios y sacaba sus días de ayuno y oración pidiendo por el futuro esposo de su hija, creyendo firmemente que Dios le daría su bendición. La hermana Stella le confirmó a mi hijo que estaba de acuerdo con esa relación, entonces nos convertimos en ayuda y centinelas en todo aspecto para ese noviazgo, el cual tuvo un final feliz. Ellos se casaron en la bendición del Señor Jesús y con los años han fortalecido cada día su unión con el diálogo, la oración y el ayuno; también con altares familiares. Tienen dos hermosos niños, Esteban y Alekson, y un precioso regalo llamado Milan Jael, una linda niña, que ha traído mucha felicidad al hogar.

Agradezco a Dios por Stephanie, la esposa de mi hijo Carlos, quien ha sido una mujer cuidadosa de su esposo, de su ministerio, de su hogar, de sus hijos. Ella ha asimilado muy bien su posición de primera dama de la iglesia. Es una mujer noble, prudente y amorosa, no solamente en su casa sino con nosotros, la familia de su esposo. De seguro es una mujer maravillosa la que Dios le escogió a mi hijo.

Porque *"en el creer, se protege el corazón"*.

Mi hijo Eduardo se enamoró de una linda joven colombiana que había llegado a la iglesia en California. Ellos llevaron parte de su noviazgo a larga distancia, hasta que Johana pudo viajar al Canadá. Allí se casaron en una muy emotiva y hermosa ceremonia civil y religiosa. Han pasado los años y el Señor Jesús ha sido el motor, la guía y fortaleza para ellos en su hogar. Cada día se complementan más y fortalecen su amor en Dios. El Señor Jesús les regaló tres preciosos niños y he podido observar lo excelentes que son como padres. Les enseñan con mucho amor la palabra de Dios y proveen cuidados especiales con dedicación y entrega para que crezcan saludables en todo aspecto.

Johana es experta en comida saludable y siempre cuida que los niños tengan la mejor educación. Les habla siempre con amor y palabras de ánimo. Eduardo ha sido un esposo abnegado, entregado a su familia y ha llevado su papel de sacerdote espiritual con hermosos resultados en su hogar.

Cuando vivían en Burlington, California, Eduardo acostumbraba levantar a Ana Sofia al amanecer para que la niña tuviera la hermosa experiencia de ver salir el sol y juntos, a orillas del lago, observaban las maravillas de Dios.

Allí aprovechaba para hablarle de Jesús a mi nietecita. Luego, llevaba a Juan Felipe y juntos tenían mañanas hermosas. Nicolás todavía no había nacido, aunque ahora ya es un hermoso niño que también ama a Jesús.

Porque... "EN EL CREER,
SE PROTEGE EL CORAZÓN".

CAPÍTULO 19

En El Creer Hay Esperanza

NUNCA ES TARDE PARA LLEVAR NUESTROS HIJOS A DIOS

"Y el Dios de esperanza os llene de todo gozo y paz en el creer, para que abundéis en esperanza por el poder del Espíritu Santo". Romanos 15:13

Hay un dicho muy común que dice: "La esperanza es lo último que se pierde". Y así es. Mientras tengamos un motivo para luchar y un deseo vivo y fuerte de llevar algo a cabo, o de ver realizado el deseo de nuestro corazón, vamos a tener una esperanza que nos moverá continuamente a seguir adelante hasta alcanzar nuestro objetivo, como es el de conducir a nuestros hijos hacia la salvación de sus almas.

A medida en que has estado leyendo este libro <u>"Criando hijos en tiempos difíciles"</u>, tal vez pensarás en mi vida, en todo este proceso y en lo que he podido lograr como madre; pero también pudieras preguntarte: ¿Cómo podría yo también lograrlo si mis hijos ya no son unos niños? ¿Qué hacer si ellos ya son unos adolescentes o están jóvenes? Si cada uno ha escogido su propio camino, ¿hay alguna oportunidad? Permíteme decirte que la palabra de Dios nos manda a nunca perder la esperanza.

"Aún hay esperanza para todo aquel que está entre los vivos; porque mejor es perro vivo que león muerto". Eclesiastés 9:4.

Mientras estemos con vida y mientras ese hijo(a) esté vivo(a) hay esperanza de salvación, de redención y de transformación; hay una oportunidad para que su vida cambie en las manos de Jesús.

Me gusta mucho la parábola de Jesús en el evangelio de Lucas capítulo 18, sobre la necesidad de orar siempre, y no desmayar.

Cuenta la palabra de Dios que una mujer viuda hizo una petición a un juez injusto que ni temía a Dios ni tenía respeto por nadie. La mujer iba cada día ante el juez para que le hiciera justicia de un enemigo que tenía. El relato nos muestra que este juez dijo: *"Yo no temo a Dios ni tengo respeto por nadie, pero como esta mujer me molesta y no quiero que me agote la paciencia, le haré justicia".* También añade la palabra de Dios, en el verso 7: "¿Y acaso Dios no hará justicia a sus escogidos, que claman a él día y noche? ¿Se tardará en responderles?"

Si este hombre, siendo malo, le hizo justicia a una mujer extraña que le rogaba insistentemente, de seguro que nuestro padre celestial hará justicia a sus hijos que le claman día y noche.

¡Claro que te hará justicia!

Hay una hermosa esperanza en Dios. Si creemos con todo nuestro ser y rogamos a Él no dudando, ese hijo será tocado por el poder de Dios.

Para mí esta parábola fue siempre muy significativa. Fue muy gratificante saber que, si creía y clamaba insistentemente al Señor en oración, ayuno y vigilia, Él me respondería. He podido ver el poder, el amor y la misericordia de Dios en mi vida, en mi esposo y en mis hijos.

"Pedid, y se os dará; buscad, y hallaréis; llamad, y se os abrirá. Porque todo aquel que pide, recibe; y el que busca, halla; y al que llama, se le abrirá". Mateo 7:7-8.

Este versículo nos muestra una esperanza grande en el Dios tan maravilloso que tenemos, que sí nos responde. Lo que sucede es que a nuestro Dios le gusta, como a todo padre, que le digamos lo que necesitamos. A Él le gusta que abramos nuestra boca y en oración le contemos lo que queremos, que le expresemos el anhelo de nuestro corazón, dependiendo totalmente de Él y demostrándoselo en la búsqueda constante de su presencia.

Levantemos un clamor insistente a nuestro Padre pidiendo justicia ante el adversario, el diablo, que ha venido a robarse a nuestros hijos. Él no se los puede robar porque no le pertenecen. Nuestros hijos son de Dios, lo confesamos en fe y nos aferramos a la esperanza de su Palabra cuando dice: *"Pídeme, y te daré por herencia las naciones"*. Como padres sabemos que no necesitamos naciones por herencia, pero pedimos para nuestros amados hijos la herencia más maravillosa que un ser humano puede tener sobre la tierra, y es la salvación de su alma.

Así que pidamos con fe. Creamos que esa puerta de salvación se abrirá para nuestros hijos y recibiremos esa respuesta gloriosa de parte de nuestro Dios.

¡Esa redención llegará en el nombre de Jesús!

Es algo grande y de mucho agrado para Dios cuando creemos que para Él no hay nada imposible, cuando nos rehusamos a perder la fe y depositamos nuestra esperanza en ese Dios Todopoderoso; que aunque vengan luchas y pruebas, aunque veamos como que todo se acaba, aunque en lugar de ver la solución pareciera que todo empeora, no debemos perder la esperanza en ese Dios que dice: *"No temas yo te ayudo"*.

Mientras tengamos vida para luchar estaremos dispuestos a guerrear. Debemos levantarnos con fuerza y reclamar las almas de nuestros hijos y reprender el infierno que no tiene parte con ellos. También, nos regocijaremos en el mover del Espíritu Santo que nos llena de gozo y de paz, donde podemos abundar en la esperanza gloriosa y así mover el cielo a favor de nuestros hijos.

El segundo libro de Reyes, el capítulo 4, relata la historia del profeta Eliseo y una viuda. Esta historia es hermosa, y deseo tomarla como ilustración del poder de Dios para la madre o el padre que necesita un milagro.

Una mujer había perdido a su esposo. Estaba sola y desamparada. Había quedado con deudas y lo único que tenía eran sus hijos, pero ni eso tendría porque el acreedor le quitaría su más preciosa posesión que eran sus hijos amados.

Cuando la viuda había perdido toda esperanza llegó el hombre de Dios a darle el milagro que necesitaba y que no veía por ninguna parte.

Me llama mucho la atención la pregunta del profeta: ¿Qué tienes en casa? Ella, sin entender todavía lo valioso que tenía, le dijo: Tu sierva ninguna cosa tiene en casa, sino una vasija de aceite.

En su dolor, en su angustia y desespero creía que no tenía nada. Pensaba que lo que tenía no le alcanzaba y no era suficiente como para pagar su deuda. Sus ojos no alcanzaban a ver y a entender que el Dios que ella conocía podía hacer cosas grandes con lo poco que poseía en casa.

La palabra de Dios nos enseña que el aceite es prototipo del Espíritu Santo de Dios. Cuando pensamos que en nuestra casa no tenemos nada, que quizás la relación con nuestro Dios no es lo suficientemente fuerte o grande en el mover del Espíritu Santo, como para que Dios obre en un milagro, es ahí donde nos sentimos como esta mujer. Tenía la solución a la mano no la veía, no entendía el Dios de poder que tenía y que podía hacer maravillas en su casa y librar a sus hijos. Ahí perdemos toda esperanza.

Muchas veces nos encontramos en medio de una gran necesidad, donde solo vemos luchas y dificultades y nuestra alma, corazón y mente están tan saturados por problemas de la vida de nuestros hijos que viene el adversario, el diablo, el devorador y el destructor a amenazarnos todo el tiempo con destruirlos.

Nos amedrentamos tanto y nos sentimos tan impotentes que le creemos a ese enemigo mentiroso. Nos encerramos y solo miramos que el enemigo llega para pedir esos hermosos y valiosos hijitos que Dios nos ha dado, engañándolos para luego cautivarlos y hacer con ellos lo que quiere; pero cuando logramos entender que tenemos un tesoro precioso en una vasija de barro en la casa que podemos usar, no permitimos que el temor nos paralice, el dolor nos inmovilice y la duda nos amenace con robarnos el milagro. Cuando entendemos que tenemos el aceite fresco que fluye en nuestros corazones, miraremos la presencia de Dios obrando en la vida de nuestros hijos.

La solución está a la mano y en casa.

La esperanza se presenta a la viuda en forma del profeta Eliseo, el cual le hace una pregunta, y acto seguido le da la solución.

"Ve a los vecinos y pide vasijas no pocas y enciérrate con tus hijos y llena esas vasijas y vende el aceite y paga al hombre lo que le debes y aún te sobrará para que vivas con lo que te quede".

¡Era tan valioso lo que ella tenía en casa que le alcanzaría no solamente para pagar su deuda sino también para vivir con sus hijos por el tiempo que le quedara de vida!

Aun en el momento más crítico y difícil, aparecerá la esperanza por medio de la palabra de Dios que nos enseña y nos manda a accionar en fe. Ella nos insiste en obtener ese aceite tan valioso y poderoso.

"Y recibiréis poder cuando haya venido sobre vosotros el Espíritu Santo". Hechos 1:8.

Hemos recibido poder de parte de Dios. Tomemos ese poder y autoridad en oración, reprendamos todo espíritu o situación que haya venido a querer robar la vida de nuestros hijos.

Hoy te animo a enfrentarlo como un padre valiente. Echa mano de esas vasijas. Agota todos los recursos espirituales. Asiste a la iglesia, habla con el pastor, involucra a tus hijos al grupo de jóvenes, llama a los líderes de los diferentes ministerios de la iglesia donde asistes y pide oración.

Habla con quien tengas que hablar, golpea las puertas que tengas que golpear, muévete como te tengas que mover, clama lo que tengas que clamar y presta vasijas por el mundo entero. ¡Ah! y no te olvides de llenar tu propia vasija, porque no hay clamor más certero y eficaz que llegue directo al mismo cielo que el clamor que sale desde el corazón de una madre o de un padre. Por eso dice la Biblia:

"En mi angustia invoqué a Jehová, y clamé a mi Dios. Él oyó mi voz desde su templo, Y mi clamor llegó delante de él, a sus oídos". Salmos 18:6.

"Esforzaos todos vosotros los que esperáis en Jehová, Y tome aliento vuestro corazón". Salmos 31:24.

Nosotros, los que esperamos en el Señor Jesús, nos esforzamos y tomamos ánimo en nuestro corazón. El Señor, que sabe y conoce todas las cosas, nos mira y nos ayuda en la lucha espiritual por nuestros hijos. No nos demos por vencidos. Tenemos una palabra que nos enseña hacia dónde mirar, en quién esperar y quién es el que escucha nuestro clamor.

"Mas yo a Jehová miraré, esperaré al Dios de mi salvación; el Dios mío me oirá". Miqueas 7:7.

Si miramos al Señor y ponemos nuestra expectativa solo en Él, en vez de concentrarnos en el problema de ese hijo, si confiamos que Él está obrando, aunque no lo veamos, si ponemos nuestra esperanza en Él cuando dice que nos oirá, créeme que así es y así será. Él presta oído a nuestro clamor cuando creemos con fe que recibiremos lo que estamos pidiendo.

Hoy únete conmigo y pidamos por el alma y por la salvación de esos hijos, por ese encuentro que necesitan con Jesús. Él es el único que los cambiará, transformará y liberará.

Cuando Dios empiece a obrar, permítele hacerlo y deja que trabaje en ese hijo, porque solo Él conoce ese corazón y sabe de qué manera lo va a llamar. Recuerda que tenemos un Dios bueno, maravilloso y misericordioso.

"¿Por qué te abates, oh alma mía, y por qué te turbas dentro de mí? Espera en Dios; porque aún he de alabarle, Salvación mía y Dios mío". Salmos 42:11.

No te desesperes ni entristezcas de modo que te enfermes.

No te desanimes de tal modo que pierdas las fuerzas para luchar.

No te encierres a lamentarte y a sentirte tan agobiado que no puedas levantar tu mirada al cielo y tu voz en clamor por esos hijitos.

Como padre eres la única persona que puede clamar con fuerza, dedicación, entrega y sacrificio. Hazlo con una gran devoción y esperanza. Tú eres quien puedes lograr ese milagro. Puedo ver a través de las Escrituras a padres que se movieron, caminaron e intercedieron ante reyes, sacerdotes y profetas por la vida o la salud de sus hijos.

Tenemos un Dios que TODO lo puede ,TODO lo ve y TODO lo sabe.

Dedícate a seguirlo, a adorarlo y a servirle y Él hará lo que tiene que hacer a favor de nuestros hijos.

Creamos que… mientras hay vida hay esperanza, y esa esperanza no se pierde nunca en un corazón que pone su mirada en Jesús.

Recibiremos nuestro milagro de parte de Dios porque… CUANDO CREES, HAY ESPERANZA.

CAPÍTULO 20

En El Creer Dejamos Legado

TRANSMITIMOS PARA NUESTRAS GENERACIONES

"Ahora, pues, ante los ojos de todo Israel, congregación de Jehová, y en oídos de nuestro Dios, guardad e inquirid todos los preceptos de Jehová vuestro Dios, para que poseáis la buena tierra, y la dejéis en herencia a vuestros hijos después de vosotros perpetuamente". 1 Crónicas 28:8

Todos pertenecemos a una generación debidamente identificada. Seguramente hemos oído de las generaciones "baby boom" o los archiconocidos "millennials", tan presentes en los medios y en las conversaciones de la gente; pero a pesar que los millennials son tan conocidos solo los baby boomers han recibido este nombre de manera oficial, tal y como lo reconoce la oficina del censo de Estados Unidos.

Cada generación ha sido bautizada por los investigadores para estudiar su comportamiento. Aunque la mayoría lo desconozca, los más jóvenes ya no son millennials, pertenecen a la llamada generación Z. (Edurne Concejo, Barcelona).

Cuando me arrodillo a orar, deposito en oración siempre la vida de mis hijos, y pienso en el legado que ellos les dejarán a los suyos y estos a los siguientes. Saber y pensar que será de la vida de mis nietos y bisnietos en este mundo, es algo que me impacta muchísimo. Entonces llego hasta las generaciones más remotas en un gran clamor a Dios. Es necesario que visualicemos a nuestras generaciones futuras y pensar un poco más al respecto. Es muy importante preguntarnos de qué manera estoy impactando a mi generación para que mi legado no se pierda y pueda ser transmitido.

Si miramos el mundo en el que vivimos podemos ver que hay una pared que distancia enormemente de una generación a otra. Parece que la nueva generación se ha hecho desconocida para sus propios padres y prácticamente inalcanzable para los abuelos.

Con relación a esto, se nos dice que debemos prepararnos y aprender como padres un sinnúmero de cosas importantes sobre la generación moderna. Según estudios realizados al respecto, la clave está en aprender a hablarles, ya que por desconocer esto generamos una comunicación no asertiva y podríamos terminar viviendo junto a ellos, pero cada uno perteneciendo a un mundo totalmente distinto.

Algo que me impacta todavía mucho más es que hoy en día la ignorancia de muchos padres hacia lo que estamos viviendo ha producido en ellos miedo hacia sus propios hijos, permisividad, demasiada liviandad y exceso de tolerancia a todo lo que los hijos desean, dicen o hacen. Lo anterior me preocupa mucho porque cuando esto llega toca también la Iglesia, la cual tiene una identidad generacional y un Dios que nos dice que "Él es el mismo ayer y hoy y por los siglos". Nuestro Dios es el mismo de generación a generación, por lo tanto, su Palabra no cambia, sigue siendo la misma. Él nos sigue hablando a través de la Biblia de la misma manera como lo ha hecho siempre.

Por eso no entiendo como nosotros, como padres, dejamos absurdamente que la condición en que el mundo está hoy en día nos encasille, nos juzgue y menosprecie. Debemos entender que somos padres que educamos, dirigimos, enseñamos y vivimos conforme al manual más perfecto que existe en esta tierra como es la Biblia; de donde tenemos normas, leyes, consejos, enseñanzas, guías, direcciones, acciones y maneras donde el único y mayor psicólogo de la humanidad ha escrito grandezas sobre la mente, los conflictos internos del hombre y sobre su comportamiento a través de toda la historia de la humanidad.

En la Biblia tenemos absolutamente TODO para guiar a nuestros hijos por este mundo que "supuestamente" ya es uno distinto para ellos, pero luchan con el mismo enemigo que ha tenido el hombre desde su creación. La palabra de Dios nos enseña a conocer sus artimañas.

"Así Satanás no se aprovechará de nosotros. ¡Ya conocemos sus malas intenciones!". 2 Corintios 2:11 (TLA).

Él tiene las mismas formas de ataque, engaño y mentira. Sus armas de destrucción son las mismas que ha usado por generaciones.

Debemos entender que por causa del aumento de la ciencia y la tecnología debemos estar más alertas que antes. Debemos ser más cuidadosos y entendidos de lo que está pasando a nuestro alrededor.

Es necesario que con más dedicación, firmeza y seguridad apliquemos lo que hemos aprendido de parte de Dios.

Si antes vigilábamos, debemos hacerlo con más diligencia.

Si en el pasado cuidábamos, debemos procurar hacerlo aún más.

En tiempos antiguos el pecado estaba afuera y llegaba hasta la puerta de nuestra casa queriendo entrar, pero ahora, con el avance de la ciencia, el pecado ya no se queda en la puerta esperando a ver si lo dejamos entrar. Entra a la sala, al comedor, a la cocina, al baño y hasta el dormitorio; donde tengamos un teléfono celular, tableta, computador o cualquier cosa que tenga internet; a todo dispositivo que use memoria y en el que se pueda almacenar imágenes o sonidos del mundo exterior.

Es allí donde Satanás ha ganado ventaja. Aunque sus astucias y mentiras son las mismas, ahora utiliza las herramientas de este tiempo.

"Conoce, pues, que Jehová tu Dios es Dios, Dios fiel, que guarda el pacto y la misericordia a los que le aman y guardan sus mandamientos, hasta mil generaciones". Deuteronomio 7:9.

Le doy gracias a Dios que pude entender y usar estos fundamentos firmes e inamovibles en mi vida.

La Biblia se ha constituido en el manual perfecto que me ha dado conocimiento de la vida, ella me enseñó a amar y guardar los mandamientos de Dios. Puedo decir, para la gloria de Dios, que los pude transmitir a mi siguiente generación, pude levantar cinco maravillosos hijos de diferentes edades, desde el mayor hasta la menor que acaba de entrar a sus veinte añitos.

Recuerdo que apenas hace poco, tres años atrás, mi hija menor era una adolescente. La educación cristiana, la forma de hablarle y la forma de corregirla fue la misma de hace cuarenta años con mi hijo mayor. Para mí no hay diferencia entre el amor de siglos atrás al amor de hoy. Yo tengo un Dios que dice que Él es amor.

Ese mismo amor, esa misma paz, ese mismo gozo, esa misma verdad, esa misma luz tienen un nombre: Jesucristo en nosotros. Él es el mismo por los siglos de los siglos.

El Señor ha sido el mejor psicólogo, consejero y amigo para mis hijos. Él es quien los abraza y les ahuyenta sus miedos. Él calma sus temores y suple todas sus necesidades. Los abrazos y las caricias que ellos reciben de Dios son inigualables e incomparables de generación a generación ¡Él es el mismo!

Este Dios, quien dejó escritas sus palabras hace miles de años atrás, es el mismo que tú, como padre, tienes hoy. Él nos manda a honrarle.

"Generación a generación celebrará tus obras, Y anunciará tus poderosos hechos". Salmo 145:4.

Si esto ha sido de generación a generación, entonces, me pregunto ¿por qué nos amedrentarnos como padres? O, al contrario ¿Por qué el Señor nos tiene que exhortar por nuestra pasividad? Dios le dijo a Elí, y podría estar hablando hoy:

"Y le mostraré que yo juzgaré su casa para siempre, por la iniquidad que él sabe; porque sus hijos han blasfemado a Dios, y él no los ha estorbado".
1 Samuel 3:13.

¡Qué triste que hoy tengamos padres que no estorban, obstaculizan, ni prohíben! Padres que no son firmes con sus hijos en cuanto al pecado se refieren, al contrario, se hacen al lado de ellos como lo hizo el sacerdote Elí. Otros se hacen como ellos o les dan la "palmadita en la espalda" en aprobación. Padres que se esconden o excusan diciendo que sus hijos son una nueva generación incomprendida por la Iglesia y por los líderes espirituales. Se juzga incluso a la Iglesia del Señor diciendo que ella debe hacerse como el mundo de hoy y asemejarse más a este para que les sea más fácil a nuestros hijos conocer a nuestro Señor Jesús.

Por otro lado, es hermoso encontrar en la Iglesia padres que se han levantado valientes, esforzados y guerreros con la firme determinación de obstaculizar el proyecto del enemigo. Estos padres estorban y redarguyen el pecado de sus hijos con amor y les dedican el tiempo necesario para enseñarles, según la Palabra, lo que agrada y desagrada a Dios. Es hermoso ver a los padres cristianos amando a Dios y gozándose en Su presencia en la casa o en la iglesia juntamente con sus hijitos. Paralelamente, causa tristeza ver que otros no involucran a sus hijos en los altares, estudios o cultos familiares.

Quiero animarte a que no tengas temor de enojarlos o fastidiarlos.

No temas interrumpirles sus posturas equivocadas.

Ataca la indiferencia que toman ante todo lo que se hace o dice en la casa referente a Dios.

Es lindo que les enseñemos reverencia y respeto por las cosas de Dios. Enseñémosles todo lo que hemos aprendido de las Escrituras con amor, convicción, paciencia y firmeza. Se trata de que ellos también puedan adorar a Dios con todo su corazón, con toda su alma y con todas sus fuerzas.

"Y su misericordia es de generación en generación a los que le temen". Lucas 1:50.

Algunos padres anhelan que sus hijos sean aceptados en cargos o en trabajos de la iglesia, aunque ellos no tengan un buen comportamiento. Quieren que se les permita servir, aunque vivan una vida que a Dios no le agrada, pero al Señor Jesús se le sirve con temor y temblor. Él es digno de reverencia y respeto.

A veces creemos que el amor de Dios es igual al de nosotros. Un amor muchas veces lleno de remordimiento, de pesar, idealista y permisivo. La tendencia de muchos padres es admitir y aceptar todo. Muchas veces no se tiene la autoridad para corregir a los hijos y decirles que lo que hacen no está bien. Cuán equivocados podemos estar pensando así.

Nuestro Dios es todo amor, pero también es fuego consumidor. Nuestro Dios es soberano para decir: *"A Jacob amé y aborrecí a Esaú".*

Él es poderoso para decir: *"El alma que pecare esa morirá".* Hay un infierno para los que no obedecen.

Él hace diferencia entre el bien y el mal y esconde su rostro de los que son desobedientes a su Palabra.

Cada uno *"recibirá recompensa según sus obras"*.

Debemos entender profundamente esto y ayudar a nuestros hijos a no caer en manos del Dios vivo por causa de su desobediencia *"Porque horrenda cosa es caer en manos del Dios vivo".*

No está bien tomar el nombre del Señor Jesús en vano porque *"Él no dará por inocente al que tome su nombre en vano"*

"A Jehová de los ejércitos, a él santificad; sea él vuestro temor, y él sea vuestro miedo". Isaías 8:13.

Nos gusta mucho contar a nuestros hijos lo hermoso y maravilloso de nuestro Dios, nos encanta enseñarles del Dios de amor, y eso está bien; el problema está en que olvidamos muchas veces enseñarle a nuestra nueva generación que no se debe ofender, pecar ni tener en menos las cosas de Dios.

"Porque Jehová al que ama castiga, como el padre al hijo a quien quiere". Proverbios 3:12.

Cuando entendí esta palabra tan hermosa de ese Dios de amor que también se duele del hijo que le ofende con su mal proceder, comprendí mejor todo y me llevó a moverme a cuidar más la vida de mis hijos día y noche. Eso precisamente era lo que yo más temía, el castigo, la disciplina y la corrección con la vara de Dios para ellos aquí en la tierra como en la eternidad.

Quiero instarlos a reflexionar sobre la actitud que hemos tomado frente a esta generación. No nos hagamos como ellos ni semejantes a ellos, tampoco nos igualemos ni nos amedrentemos. Nosotros somos de la luz y hemos recibido un poder especial. Tenemos la mejor guía que un padre pueda tener para que logremos impactar no solamente a esta generación sino también a las demás que vendrán.

Porque... EN EL CREER DEJAMOS LEGADO.

"Para que lo sepa la generación venidera, y los hijos que nacerán; y los que se levantarán se lo cuenten a sus hijos". Salmos 78:6.

CAPÍTULO 21
Cuando Creemos Los Preparamos
PARA EL DÍA MALO

"Cualquiera, pues, que me oye estas palabras, y las hace, le compararé a un hombre prudente, que edificó su casa sobre la roca. Descendió lluvia, y vinieron ríos, y soplaron vientos, y golpearon contra aquella casa; y no cayó, porque estaba fundada sobre la roca".
Mateo 7:24-25

Cuando nuestros hijos están pequeños no alcanzamos a visualizar en lo que se van a convertir. A medida que crecen aprenden a tomar sus propias decisiones y así proyectan sus propias vidas.

Como padres cristianos tenemos en nuestras manos la capacidad, la responsabilidad y el deber de ayudar a librar a nuestros hijos de muchos momentos que les llegarán a sus vidas. Momentos de tristeza cuando tengan que enfrentar situaciones difíciles donde tal vez no sabrán qué hacer o qué camino tomar. De nosotros depende poseer la sabiduría que viene de Dios para poder ayudarlos de una manera eficaz. Con el conocimiento y el poder que tenemos de parte de Dios podemos guiarlos, levantarlos, sostenerlos, restaurarlos, iluminarlos y abrazarlos con las bendiciones de Dios.

Tenemos el Espíritu Santo el cual es un regalo del cielo que nos da discernimiento y nos muestra todas las cosas. Con ayuda de Él entenderemos el estado espiritual, mental y emocional de nuestros hijos. Por más duro que sea lo entenderemos.

"Que estamos atribulados en todo, mas no angustiados; en apuros, mas no desesperados; perseguidos, mas no desamparados; derribados, pero no destruidos". 2 Corintios 4:8-9.

El anterior texto da a entender que nuestros hijos quizás pasarán por momentos críticos pero contarán con las herramientas para salir victoriosos y vencedores en todo.

Si construimos nuestro hogar sobre la roca firme, sólida, segura y estable, que es Jesucristo, entonces es ahí donde como padres podemos decir tranquilamente que hicimos un gran trabajo, una buena labor en nuestros hijos. Podemos estar seguros que ellos se sostendrán fuertes y saldrán adelante en cualquier situación que enfrenten en sus vidas.

La palabra de Dios nos enseña que nuestros hijos tendrán tiempos donde llegarán las tempestades que golpearán sus cuerpos, almas y mentes. No obstante, esa misma Palabra nos aclara que, aunque golpeen con fuerza esa casa hermosa, esta no se moverá ni se derrumbará; al contrario, estará más firme, segura y sólida porque su protección está en Jesucristo.

La casa se construye con esfuerzo, paciencia, dedicación, sacrificio, sabiduría, y prudencia. Es la mejor y única manera que se puede construir, formar y cimentar un hijo en la roca, que es Jesucristo. No se hace con solo momentos ocasionales en Dios, tampoco con materiales baratos de ideologías propias, mucho menos dominados por el temor y la debilidad. No se construye obviando las medidas o regulaciones del arquitecto. No se puede ignorar las reglas del ingeniero y constructor, que es Jesucristo.
Se trata que al venir esos vientos fuertes que amenazan con destruir la vida de nuestros hijos se refleje el trabajo excelente de nosotros como padres, entonces estaremos confiados de haber hecho una buena labor a lo largo del tiempo. Un cimiento construido con experiencias muy profundas, conocimiento y una constante dedicación y con la garantía de que este trabajo perdurará por siempre.

Debemos ser ese padre o madre que se preocupa, dedica y enseña con su propio ejemplo. Ellos pueden aprender cuando compartimos nuestros momentos duros y difíciles que hemos pasado en la vida, esos instantes que amenazaron con acabar todo lo que hemos levantado.

Podemos contarles que, con bases sólidas, amor, misericordia, compasión, integridad y perdón logramos sortear todo. Eso nunca se borrará de la mente y corazón de un niño, adolescente o joven.

Es muy triste que, aun teniendo herramientas tan poderosas como la palabra de Dios, la oración, el Espíritu Santo y la comunión de la Iglesia, no se las entreguemos a nuestros hijos para que también puedan vencer al enemigo en toda situación que se les presente en la vida. Se trata de que ellos enfrenten toda artimaña enviada con el fin de derribarlos, destruir sus trabajos, economía, hogares, cónyuges o sus propios hijos.

Tenemos que afirmar a nuestros hijos de una manera especial en Dios para que cuando llegue el día malo sepan qué hacer, dónde ir y a quién recurrir.

"Cuando te vengan buenos tiempos, disfrútalos; pero, cuando te lleguen los malos, piensa que unos y otros son obra de Dios, y que el hombre nunca sabe con qué habrá de encontrarse después". Eclesiastés 7:14.

Así como hay días buenos, donde vemos a nuestros hijos gozosos y seguros de lo que hacen, así mismo llegarán días malos donde estarán tristes, confundidos y desanimados. Tal vez ellos no sabrán qué hacer, no obstante, cuando hay un papá o una mamá que les enseñó a amar la palabra de Dios, encontrarán refugio y fortaleza en ella.

"Mas el que bebiere del agua que yo le daré, no tendrá sed jamás; sino que el agua que yo le daré será en él una fuente de agua que salte para vida eterna". Juan 4:14.

Cuando los padres han guiado a sus hijos hacia esa fuente hermosa - me refiero al agua que no da sed jamás - cuando les han enseñado a beber de los ríos de agua viva, y cuando les han instruido en la oración intercesora, donde pueden derramar sus almas al Señor cada día para afrontar los momentos más difíciles de sus vidas, ellos recibirán fuerzas del Espíritu Santo. Entonces, Él se convertirá en un arma poderosísima que los hará más que vencedores.

Es muy importante que entendamos que nuestros hijos enfrentarán muchos retos, algunos más difíciles que otros, pero estarán equipados para que nada ni nadie los lleve a una situación extrema de destrucción.

Quizás no nos hemos detenido a pensar que, si Dios quiere, un día nuestros hijos llegarán también a su edad anciana. ¡Qué lindo sería que les proveamos mucho conocimiento y poder! permitiéndoles tener experiencias fuertes y maravillosas en Dios para que con seguridad podamos decir: "Mis hijos son y serán de Dios todos los días de sus vidas, hasta la eternidad".

Al pasar los años veo que mis cinco hijos han crecido. Ya no son niños ni adolescentes. Algunos son jóvenes todavía mientras que otros ya son adultos con sus propios hogares, hijos y trabajo. Aun oramos por la persona que se convertirá en complemento y pareja de nuestra niña Becky.

Cuando los veo a todos ellos, observo que les han llegado tempestades, borrascas y vientos fuertes. Muchas veces la lluvia torrencial ha amenazado con destruir sus casas. Algunas experiencias han sido más difíciles que otras, pero lo más hermoso y que me ha llenado de satisfacción y un gozo indescriptible es que los he visto sostenidos, aferrados y firmes en la roca que es Cristo. Los he visto levantando sus manos al cielo, poniendo su mirada en Jesús. Veo cómo han depositado su confianza y esperanza en ese Dios maravilloso y Todopoderoso. Ese mismo que les enseñó su abuelo Eduardo, su abuela Ligia y su madre Rebeca. Ha sido un trabajo muy hermoso construir en ellos una estructura basada en la palabra de Dios, en el mover del Espíritu Santo permanentemente en sus vidas y en la comunión con la Iglesia del Señor Jesús.

han pasado los años, y mirando hacia atrás hemos podido decir que valió la pena el esfuerzo, el sacrificio, la dedicación, el irme tarde a dormir, incluso los días que como madre pensaba que ya no podía porque sentía que mis fuerzas se acababan.

Pero por todo y en todo, doy infinitas gracias a mi Señor Jesús porque hasta aquí nos ha ayudado. Estas cinco casas (cinco hijos) han sido construidas sobre esa roca firme y sólida llamada Jesucristo.

Porque… CUANDO CREEMOS, LOS PREPARAMOS para el día malo.

CAPÍTULO 22

En El Creer Son Bendecidos
MATERIAL, ESPIRITUAL Y FÍSICAMENTE

"Sean nuestros hijos como plantas crecidas en su juventud, nuestras hijas como esquinas labradas como las de un palacio". Salmos 144:12

Cuando pensamos en bendiciones debemos mirar varias de ellas. Tenemos la bendición material, la espiritual y la física.

En las bendiciones materiales pensamos en un buen trabajo, un buen negocio, una buena casa, un buen carro. Por otro lado, las bendiciones espirituales son representadas con una buena relación con Dios, con la pareja, con los hijos, con la familia, con los amigos. En cuanto a las bendiciones físicas podemos considerar el estar bien de salud, tener nuestro cuerpo completo, un hermoso físico o un cuerpo atlético.

Todos disfrutamos y quizás anhelamos tener estas bendiciones, no obstante, es primordial que busquemos continuamente la bendición que viene directamente de Dios, ya que *"La bendición de Jehová es la que enriquece, y no añade tristeza con ella". Proverbios 10:22.*

El gozar de esta bendición es algo muy especial de parte de Dios ya que se convierte en algo permanentemente y duradero. En otras palabras, nadie nos la podrá quitar. La verdad es que todo lo que viene de nuestro Dios da paz, gozo, armonía y no genera confusión ni vergüenza.

Pablo escribe en *Filipenses 4:7: "Y la paz de Dios, que sobrepasa todo entendimiento, guardará vuestros corazones y vuestros pensamientos en Cristo Jesús".* La bendición de Dios en nuestras vidas y en nuestros hijos debe ser esa paz que sobrepasa todo entendimiento, de modo que si estamos pasando dificultades muy grandes que toquen nuestra bendición material, física o espiritual, esa presencia de Dios estará allí protegiendo nuestros corazones y pensamientos de una manera sobrenatural. Entonces no nos desesperaremos ni nos angustiaremos porque sabemos que somos de Dios y dependemos cien por ciento de Él. Nosotros recibimos de su mano todo lo que tenemos y entendemos que todo se lo debemos a Él. Esta es una verdadera y completa bendición.

"Acontecerá que si oyeres atentamente la voz de Jehová tu Dios, para guardar y poner por obra todos sus mandamientos que yo te prescribo hoy, también

Jehová tu Dios te exaltará sobre todas las naciones de la tierra. Y vendrán sobre ti todas estas bendiciones, y te alcanzarán, si oyeres la voz de Jehová tu Dios. Bendito serás tú en la ciudad, y bendito tú en el campo. Bendito el fruto de tu vientre, el fruto de tu tierra, el fruto de tus bestias, la cría de tus vacas y los rebaños de tus ovejas. Benditas serán tu canasta y tu artesa de amasar. Bendito serás en tu entrar, y bendito en tu salir". Deuteronomio 28:1-6.

Tenemos en nuestras manos entregar estas bendiciones a nuestros hijos, y de nosotros depende que ellos se adueñen de ellas.

1. Cuando Moisés habla de **oír la voz de Dios atentamente,** me viene a la mente otro versículo en *Deuteronomio 6:6-9: "Y estas palabras que yo te mando hoy, estarán sobre tu corazón; y las repetirás a tus hijos, y hablarás de ellas estando en tu casa, y andando por el camino, y al acostarte, y cuando te levantes. Y las atarás como una señal en tu mano, y estarán como frontales entre tus ojos; y las escribirás en los postes de tu casa, y en tus puertas".* Es importante que tengamos esta palabra grabada en nuestra mente y corazón para que podamos impregnar a nuestros hijos del conocimiento firme y fuerte que produce la bendición de nuestro padre celestial.

2. La expresión **guardar y poner por obra** da a entender que los mandamientos y la palabra de Dios deben ser una acción en nuestras vidas. Eso significa un contínuo ejercicio de la Palabra, una reflexión en nuestra mente acerca de si lo que hacemos agrada o desagrada a Dios; un profundo deseo de honrar a Dios en nuestro actuar rechazando todo lo que quiera robarnos la bendición de tenerlo a Él siempre a nuestro lado, de nuestro lado y en el centro de nuestra vida.

3. Cuando dice: **vendrán sobre ti,** podemos palpar, disfrutar, sentir y vivir esas bendiciones en todas las áreas de nuestras vidas. Así veamos días grises o nublados podremos decir: No tengo temor, yo sé que tengo la luz, sé que pronto saldrá el sol para mí porque tengo la bendición de Dios. Entonces... *"Nadie te podrá hacer frente en todos los días de tu vida; como estuve con Moisés, estaré contigo; no te dejaré, ni te desampararé". Josué 1:5.*

Cuando creemos de esta manera acerca de nosotros y nuestros hijos, entonces ellos son bendecidos.

Por eso... EN EL CREER SON BENDECIDOS.

CAPÍTULO 23

En El Creer Se Vive En Libertad

TOMANDO AUTORIDAD ESPIRITUAL

"Jesús les respondió: De cierto, de cierto os digo, que todo aquel que hace pecado, esclavo es del pecado. Y el esclavo no queda en la casa para siempre; el hijo sí queda para siempre. Así que, si el Hijo os libertare, seréis verdaderamente libres". Juan 8:34-36

La historia que les voy a relatar nos ilustra lo maravilloso que es estar en el propósito de Dios. Allí podremos mirar a una madre que toma con determinación, una decisión con relación a la vida de su hijo, misma que lo marcaría para siempre.

Si tuviéramos más madres determinadas como Jocabed, tendríamos más hijos como Moisés.

La historia comienza con el pueblo de Israel, llamado el pueblo de Dios o el pueblo de la promesa. Un pueblo que tenía como Dios al Todopoderoso. Este Dios les había dado promesas, pactos y los amaba en gran manera. Tanto era su amor hacia ellos que anhelaba que fueran únicamente de Él. Dios quería que le adoraran, le sirvieran y le conocieran en todo su esplendor y majestad.

Para este propósito los llevó a Egipto y permitió que fueran esclavos por cuatrocientos años. Su objetivo era poder manifestar su poder y su gloria al liberarlos. Ellos debían entender que eran en realidad los dioses de los egipcios y cuál era el Dios de Israel.

Hoy en día tenemos una situación muy digna de comparar. Nosotros somos el pueblo de Dios, ese pueblo santo y amado por Dios pero que había vivido en la esclavitud del pecado por muchos años. El gran deseo de nuestro Señor Jesús es mostrarnos quién es Él y como se manifiesta hacia nosotros. Nos creó con el propósito de que seamos solo de Él, es decir, desea que le conozcamos tal como Él es, en todo su poder y su majestad. Este es nuestro Rey. El Dios de lo imposible que hace todo posible por nosotros y para nosotros.

Retomando la historia del pueblo de Israel podemos ver que el Faraón se levantó con gran determinación en su contra. Tenía tanto miedo que la única solución que concebía era destruir a sus niños. Entonces, todo varón tan pronto nacía debía ser tirado al río para que muriera ahogado o devorado por los animales.

En todo ese caos de persecución, maldad y muerte se relata la historia de una mujer llamada Jocabed, quien era de la tribu de Leví. Ella dio a luz un hermoso varoncito, entonces decidió en su corazón que no sería sacrificado por Faraón. Jocabed propuso entonces hacer lo posible, y hasta lo imposible, por cuidar la vida de su niño. Ella determinó, por fe, que su niño viviría. Cuando el bebe comenzó a crecer y su llanto se escuchaba más fuerte, aumentó el peligro en su contra. Al ver esta situación la madre usó su imaginación y creatividad e ideó un plan estratégico, el cual venía de Dios.

Ella no estaba dispuesta a entregar a su hijo a las garras de los cocodrilos del Nilo.

La mujer tomó una canasta grande donde cupiera su bebé y la selló con brea para que no le entrara el agua. Luego, la preparó bien y la puso cómoda para que el bebe no llorara. Ella sabía a qué hora la hija del Faraón se bañaba en el río. Puso entonces al niño dentro de la canasta, lo lanzó al río y le encomendó a su hija que observara de lejos. Ella debía estar atenta a cualquier suceso en torno a la salvación de su hijo. Esta madre imaginó, ideó y actuó; además, tuvo fe, confianza y esperanza que su hijo no moriría, obtendría una vida estable y segura. El niño era hijo de esclavos, por tanto, esclavo por nacimiento; pero nació con un gran propósito y futuro de parte de Dios. Gracias a la determinación, astucia y sabiduría de su madre, el niño llegó a vivir en el palacio como el hijo de la hija del Faraón; gozo de los privilegios de ser un egipcio que lo tenía todo y que nunca experimentó la esclavitud. Era un ser humano libre.

Jocabeb no solo logró su propósito de ver crecer a su hijo seguro físicamente, sino que también que creciera con mentalidad de un hombre libre. El plan que ella hizo fue tan perfecto que no solamente lo libró de la muerte, sino que le proporcionó una educación moral y espiritual en su casa. Jocabeb aprovechó la oportunidad de ser su tutora para enseñarle al Dios de Israel, lo educó en todo lo relacionado con la historia de su pueblo y le dejó claro que, aunque iba a vivir en el palacio de Faraón no debía olvidar que su sangre era hebrea y, por lo tanto, él hacía parte del pueblo de Dios.

Aquel niño, a quien llamaron Moisés, conocía y entendía sus raíces, sabía cuál era su pueblo y quién era su Dios.

En una ocasión, siendo un adulto, salió del palacio a recorrer la tierra de Egipto y vio a dos israelitas, hermanos suyos, peleando. Él les llamó la atención, pero ellos no le quisieron atender, pues días antes había matado a un egipcio que estaba maltratando a uno de su pueblo. Esto llegó a oídos del Faraón, así que Moisés tuvo que huir del palacio e irse lejos para salvar su vida.

Muchos de nosotros conocemos la historia del llamamiento de Moisés. El Señor le encomendó la tarea de liberar a su pueblo de la esclavitud, así que cuando aceptó el mandato de Dios era claro para él que el pueblo necesitaba la libertad. Recordemos que, aunque Moisés era hijo de esclavos y nació como esclavo nunca tuvo un corazón de esclavo. Él veía la esclavitud como algo inconcebible.

Esto me hace pensar que cuando nos levantamos con fuerza y convicción y tomamos una decisión determinada y firme hacia la libertad de nuestros hijos, ellos serán libres pues tienen la promesa de libertad que viene de nuestro Señor Jesucristo. Podemos entonces acceder a ellos y contarles sobre este mundo esclavo por el enemigo, podemos enseñarles de cómo el enemigo (tipo de Faraón) quiere esclavizar y destruir al ser humano. Es nuestra tarea explicarles que el pecado y la maldad son las herramientas que el malvado usa con el fin de marcar, azotar, torturar y dañar. Satanás ha esclavizado al mundo, el cual levanta hoy un clamor de dolor y sufrimiento.

Las personas no conocen la libertad en Jesucristo solo tienen conocimiento de esclavos.

Como padres podemos explicar a nuestros hijos que, aunque estamos viviendo en un mundo de esclavitud ellos han tenido el privilegio de nacer en libertad. Les podemos decir que ellos no conocen esa esclavitud y ese dolor, que es nuestro deber enseñarles y dedicarles el tiempo para mostrarles lo importante de vivir en esa libertad, que permanecer en ella es algo hermoso, glorioso y que trae un gran gozo; que representa la verdadera vida de paz, amor y grandeza y que se puede experimentar por toda la eternidad.

Al salir de Egipto el pueblo de Israel no conocía la libertad, por eso dijeron a Moisés:

¿No había sepulcros en Egipto, que nos has sacado para que muramos en el desierto? ¿Por qué has hecho así con nosotros, que nos has sacado de Egipto?". Éxodo 14:11.

Estaban tan acostumbrados a la esclavitud que, aunque sabían que era Dios con su mano poderosa quien los había hecho libres entregándoles una promesa hermosa de darles una tierra nueva donde abundaba la leche y la miel, aun así no entendían por qué sus corazones seguían en esclavitud.

El pueblo usaba expresiones como:

"¿No es esto lo que te hablamos en Egipto, diciendo: déjanos servir a los egipcios? Porque mejor nos fuera servir a los egipcios, que morir nosotros en el desierto". Éxodo 14:12.

Tristemente ellos no veían que Dios mismo estaba tratando con mano dura al Faraón con el objetivo de mostrarles que era más grande que todos los dioses que adoraban y servían los egipcios.

Cuando les venían dificultades, querían retroceder. Parece que preferían seguir en dolor, en las tristezas y en los azotes de la esclavitud que esperar en Dios gozando de la libertad. Tenían sus mentes muy cerradas y un nivel de esclavitud mental enorme, aun así, el Señor con amor, misericordia y paciencia les mostraba grandes señales. Dios les hablaba de diferentes formas y maneras refiriéndoles que estaba con ellos para defenderlos. Con sus milagros les reiteraba una y otra vez que Él era su libertador.

Como padres es importante entender que hay mucha gente con mentalidad de esclavos en el mundo. Aunque Dios se les manifiesta y les habla de muchas formas y maneras, su condición de esclavitud no los deja vivir y gozar las bendiciones de Dios.

Nuestros hijos tienen el privilegio de nacer libres.

Ellos crecen en un hogar que le pertenece a Dios.

Se forman en un pueblo que tiene libertad mediante la sangre de Jesucristo que nos limpia de todo pecado y en esa libertad nos hace su pueblo especial, su real sacerdocio y su nación santa.

Cuando entendemos esto debemos tomar la decisión de cuidar la libertad de nuestros hijos y no permitir que el enemigo, el pecado, el mundo o la carne los esclaricen y les robe la libertad de seguir, servir, y adorar a Dios. Ellos son libres y deben permanecer libres porque tienen unos padres que se han levantado con fuerza y decisión a decir que.

EN EL CREER, SE VIVE EN LIBERTAD.

CAPÍTULO 24

En El Creer Hay Un Espejo
QUÉ ESTAMOS REFLEJANDO

"Porque si alguno es oidor de la palabra, pero no hacedor de ella, éste es semejante al hombre que considera en un espejo su rostro natural. Porque él se considera a sí mismo, y se va, y luego olvida cómo era". Santiago 1:23-24

"Por tanto, nosotros todos, mirando a cara descubierta como en un espejo la gloria del Señor, somos transformados de gloria en gloria en la misma imagen, como por el Espíritu del Señor". 2 Corintios 3:18

Es importante saber qué es lo que estamos reflejando en nuestras vidas. Debemos pensar y reflexionar cuál es la imagen que damos a nuestros hijos ya que lo que nosotros mostremos los impactará de tal manera que pueden haber dos resultados: nuestro ejemplo los ayudará a vivir una vida plena en Dios o les impedirá ver a Jesús en nosotros. Si es esto último, nuestros hijos se perderán porque no tienen la guía correcta por donde caminar hacia el conocimiento pleno de quién es nuestro Señor Jesús.

Como padres y guías espirituales vivamos nuestras vidas para que cuando nos miremos al espejo se refleje la imagen de Cristo Jesús en nosotros.

¿Qué imagen deseamos dar a nuestros hijos y que clase de Evangelio les queremos reflejar?

"Igualmente, las ancianas deben portarse con reverencia, y no ser chismosas, ni emborracharse. Deben dar buen ejemplo y enseñar a las jóvenes a amar a sus esposos y a sus hijos, a ser juiciosas, puras, cuidadosas del hogar, bondadosas y sujetas a sus esposos, para que nadie pueda hablar mal del mensaje de Dios". Tito 2:3-5.

También el salmista dice:

"Jehová, ¿quién habitará en tu tabernáculo? ¿Quién morará en tu monte santo? El que anda en integridad y hace justicia, y habla verdad en su corazón. El que no calumnia con su lengua, ni hace mal a su prójimo, ni admite reproche alguno contra su vecino". Salmos 15:1-3.

En este capítulo deseo tocar este tema, un poco difícil, pero que considero de vital importancia para poder cumplir nuestro deseo de tener unos hijos que caminen con Dios.

He experimentado, a través de mis años de mujer cristiana y madre, que tenemos en nuestras manos levantar o derribar las vidas de nuestros hijos. Tristemente he observado el resultado del mal comportamiento que muchos padres han tenido hacia el pastor, los líderes o la Iglesia en general y que se ha reflejado en sus casas, lo que causa que nuestros jóvenes se alejen poco a poco de los caminos del Señor Jesús y se pierdan en el mundo de pecado y maldad donde solo reciben tristeza, dolor y desesperación.

He visto cómo sufren después que el enemigo los ha cautivado y marcado de una manera cruel. Muchos nacieron en la iglesia y crecieron en la escuela dominical, pero cuando llegaron a la adolescencia, por el mal ejemplo de sus padres, rechazaron todo lo relacionado con Dios.

Este resultado se debe, en ocasiones, al reflejo de una madre o un padre insatisfechos con todo. Padres que dan ocasión a la murmuración, a la amargura y al resentimiento y se convierten en personas caprichosas que desean que todo el tiempo se les dé la razón en lo que desean hacer o decir en la iglesia. Padres que nunca piden o aceptan un consejo de nadie y solo desean oír lo que a ellos les parece.

Padres que siguen su propia opinión y su propio deseo.

Padres que transfieren a su hijo esa misma inseguridad, insatisfacción y desacuerdo con todo lo relacionado con la Iglesia.

Con esta actitud dejan claro que no están interesados en recibir el vínculo de la hermandad y del compañerismo, mucho menos crecer en las cosas de Dios.

Esta clase de padres evidencian un corazón de desobediencia hacia la autoridad y revelan un carácter rebelde hacia los consejos de sus líderes. Como dice la palabra de Dios: *"No reprendas al escarnecedor, para que no te aborrezca; corrige al sabio, y te amará". Proverbios 9:8.* Esto quiere decir que en el momento de la corrección el sabio es agradecido y el necio, odioso.

Otra escritura dice:

"Mejor es encontrarse con una osa privada de sus cachorros, que con un necio en su necedad". Proverbios 17:11.

Aquí se evidencia lo difícil que es una persona en condición de necedad.

Qué hermoso es cuando alguien escucha el consejo, lo acepta y lo obedece ya que reconoce que viene de Dios.

"Donde no hay dirección sabia, caerá el pueblo; más en la multitud de consejeros hay seguridad". Proverbios 11:14.

Donde hay un consejo con sabiduría encontramos seguridad, confianza y firmeza. Esto quiere decir que estamos seguros de que lo que hacemos es lo correcto delante de Dios y de los hombres.

La palabra de Dios también habla de la mujer sabia y la necia. La primera edifica bien su casa mientras que la segunda con sus manos la destruye. Yo aclararía que ella la destruye con su reflejo negativo y terco.

Hay padres que no admiten consejo, suelen enfadarse fácilmente cuando se les corrige o se les enseña que lo que reflejan no es lo más indicado para sus hijitos. Los niños, adolescentes o jóvenes terminarán imitando la postura de sus padres con relación a las cosas de Dios. Con el pasar del tiempo esta conducta aflorará.

Les quiero contar una historia que es verídica.

Pepita tenía cuatro hijos y un esposo. Todos eran temerosos de Dios, no obstante, Pepita decidió tomar el mando de la vida espiritual de su casa. Su propio espejo le decía que lo que ella reflejaba era bueno. Es increíble cómo llevó a sus hijos a la perdición.

La frase más común y repetitiva en la vida de Pepita es: "Oren por mis hijos. Algún día Dios hará la obra en ellos. Solo me queda orar y esperar".

Ahora, eso de orar está muy bien pero, ¿por qué esperar ver a nuestros hijos destruidos y con tanta tranquilidad decir que hay que orar cuando no se ha actuado con cordura, sensatez y con un corazón correcto ante Dios? Desafortunadamente el espejo de Pepita está empañado, en otras palabras, ella está engañada. El reflejo que ve no es el real que ha dado y sigue dando a sus hijos. A medida que los hijos de

Pepita crecían, ella estaba inconforme y criticaba todo en la iglesia; de hecho, tenía una frase: "Primero mi familia".

Ella no podía llevarlos todos los domingos a la iglesia porque, según ella, ese era el día de la familia. "Mi hija o hijo no puede ir a ese retiro de jóvenes o de familias porque ya tenemos un compromiso importante. Tiene unas clases a las que debe asistir los domingos. Se supone que ellos deben tener vida social aun fuera de la iglesia". En otras ocasiones añadía: "Ellos no pueden estar en ese ayuno o en esa vigilia porque tenemos un compromiso mañana temprano". ¿Por qué tanto servicio y tanta iglesia? Faltar a un servicio en domingo o entre semana no es pecado. Me parece que son muy extremistas".

No me malinterpreten. Yo también, en ciertas ocasiones, salí con mis hijos algunos fines de semana; pero esa era la excepción y no la regla. Una cosa es sacar uno o dos fines de semana en el tiempo libre o de vacaciones y otra cosa es ausentarse continuamente. Lo que trato de decir es que tener siempre una excusa para no involucrarse con Dios, se convierte en una forma de vida que no genera buenos resultados. Esto no ayuda al propósito de formar nuestros hijos en Dios.

Sí es bueno sacar tiempo con la familia, es necesario sacar tiempo de vacaciones para ir de paseo.
Es verdad que la familia es lo más importante, por eso se escriben libros como estos, para las familias.

El problema está en que muchos usan estas verdades como excusas para ausentarse continuamente y no involucrarse con la Iglesia.

La Iglesia es un cuerpo vivo cuya cabeza principal es Jesucristo. Ese cuerpo activo nos trae bendición y vida eterna. Como dice la palabra de Dios: *"Es mejor un día en sus atrios que mil fuera de ellos"*. Salmos 84:10.

"No dejando de congregarnos, como algunos tienen por costumbre, sino exhortándonos; y tanto más, cuanto veis que aquel día se acerca". Hebreos 10:25.

Pepita no entendía estos versículos. Nunca tenía tiempo suficiente para integrarse en las cosas de Dios. Daba a Dios el tiempo que ella quería, como quería, actuaba conforme a su propia manera de pensar. Sus hijos crecieron junto a los míos, y mientras mis hijos tomaban liderazgos en la iglesia, recuerdo que ella solo renegaba y criticaba alejando los suyos cada día más.

Tristemente y con mucho dolor en mi corazón les digo que los cuatro hijos de Pepita que conocí en la iglesia siendo unos niños chiquitos y los vi crecer, están todos destruidos y dispersos con graves problemas.

Otro caso es el de un varón de la época en que mis hijos estaban pequeños. Todo lo que a él le importaba era el fútbol. Esa era su pasión, incluso por encima de ir a la escuela dominical con sus hijos. El comportamiento que tenía este hombre con su hijo mayor, quien era solo un adolescente, era rudo y tosco. Él no daba un buen reflejo para seguir. Al final, su hijo se perdió en las drogas y ha tenido una vida muy conflictiva.

Cuando salíamos del servicio del domingo, después de la escuela dominical, nos gustaba ir a visitar esta familia pues les apreciábamos bastante. Gracias a la confianza que les tenía le preguntaba al papá de este joven por qué no había ido a la iglesia. Siempre tenía una excusa para faltar el domingo. En ocasiones yo intervenía por su hija adolescente. Recuerdo que me tocaba suplicarle que me la dejara llevar a las vigilias que programábamos solo para mujeres en la iglesia. Esta joven se regocijaba y llenaba mucho de la presencia de Dios y cantaba en el Espíritu de una manera hermosa.

Aquel varón perdió a sus otros hijos y la única que permanece hasta hoy en los caminos del Señor es esa niña que fue marcada y enamorada por Dios en las vigilias.

Los padres que tienen su propio espejo, que reflejan una imagen que habla sobre sus propios pensamientos e ideas, suelen mostrar ese mismo patrón con sus hijos.

Deseo constantemente poder llegar de alguna manera a los padres que tanto daño hacen a sus hijos al no aceptar la palabra de Dios por medio de su pastor o líder espiritual. Dios pone a estas personas en nuestras vidas para que con su experiencia nos den buenos consejos. Cuando estos consejos no son recibidos este tipo de padres se convierten en unos más pidiendo oración por ese niño que fue presentado al Señor Jesús al nacer, un niño que creció en la Iglesia y al hacerse grande no quiso congregarse más.

Quiero animarlos, e incluso amonestarlos, para que en el espejo de sus vidas se reflejen unos padres servidores, íntegros, seguros, confiados, prudentes, sabios, obedientes, responsables, respetuosos y apasionados por Dios como por su amada iglesia. Padres que transmitan la gloria de Dios, es decir, que sus palabras concuerden con sus hechos todo el tiempo, en todo lugar o circunstancia.

Todos tenemos un espejo donde nos reflejamos. Preguntémonos ¿cuál es nuestra imagen frente a ese espejo? ¿Qué es lo que están viendo nuestros hijos en nosotros? Tengamos cuidado de nuestro diario vivir y de nuestro comportamiento. Hay unos ojos que nos están evaluando continuamente, unas personitas que están aprendiendo de nosotros.

**Lo que creemos, lo vivimos,
lo reflejamos porque...
EN EL CREER HAY UN ESPEJO.**

CAPÍTULO 25

En El Creer Hay Hermosura

NUESTRAS NIÑAS

"Asimismo que las mujeres se atavíen de ropa decorosa, con pudor y modestia". 1 Timoteo 2:9

"Modestia es más que moda. Es la decisión diaria de vestirte como la hija de Dios que en realidad eres".

¿Cuál es el significado de la palabra pudor? Pudor es una palabra que proviene del latín y que hace referencia al recato, la modestia, la vergüenza y la honestidad. El pudor suele estar vinculado al recato en lo referente a la sexualidad. Constituye, por lo tanto, un elemento de la personalidad que intenta proteger la intimidad.

El pudor, en este sentido, también suele ser considerado como una virtud moral, pues es demostración de que una persona valora las normas relativas a la moral y la decencia en la convivencia social.

Me llama mucho la atención que la palabra de Dios está conectada con estos significados de la palabra pudor. Encontré este tema interesante y quise escribir sobre él ya que siempre he pensado que es muy importante tenerlo claro para la crianza de nuestras niñas en Dios.

Cuando esto se entiende desde el punto de vista en que Dios me lo enseñó, entonces se considera muy natural y hermoso. De esta manera pude transmitirlo a mi hija Molly, y ella, a mis nietas Katelyn y Elizabeth. Mi nuera Kristel también recibió esta revelación y se la ha enseñado con gran entusiasmo a mis nietas Leylani e Isabella Mia, las cuales ya la recibieron de parte de Dios. Ahora que nació mi nieta más pequeña, Milan Jael, veo que su madre Stephanie la está llevando por este mismo camino.

En este tema no hay confusión ni rechazo pues la palabra de Dios es perfecta y se explica solita, lo único que se necesita es tener un corazón obediente, receptivo y anheloso de aprender.

Es importante pensar si mi forma de vestir le agrada a Dios. Hay una frase muy común que algunos usan para justificar su deseo o decisión de vestir de cualquier manera: Dios mira el corazón…

El verso está en la Biblia y dice así:

"Porque Jehová no mira lo que mira el hombre; pues el hombre mira lo que está delante de sus ojos, pero Jehová mira el corazón". 1 Samuel 16:7.

Sin embargo, no está bien apoyarnos solo en un versículo. Necesitamos mirar otras citas que nos resuelvan el porqué, para qué y para quiénes están escritas.

Volviendo a la definición del diccionario sobre el cubrir nuestros cuerpos de una manera modesta, con vergüenza y honestidad, todo está vinculado al recato y a la sexualidad y constituye, por lo tanto, un elemento de la personalidad, que tiene como objeto cuidar lo íntimo. En otras palabras, se trata de evitar que no se marquen o se expongan nuestras partes íntimas ni que queden a la imaginación sugestiva del público que observa.

"Y el mismo Dios de paz os santifique por completo; y todo vuestro ser, espíritu, alma y cuerpo, sea guardado irreprensible para la venida de nuestro Señor Jesucristo". 1 Tesalonicenses 5:23.

La palabra de Dios debe ser revelada. Agradezco a Dios por esta revelación tan hermosa que ha sido de mucha ayuda en mi vida y en la de mis hijas. Nunca miré este tema como algo religioso, de gente fanática o exclusivo para cierto grupo de cristianos. Algunos también lo llaman mandamientos de hombres.

Para entender mejor esto debemos remontarnos al Génesis, cuando Adán y Eva sintieron vergüenza porque estaban desnudos, diseñaron sus propias ropas según su propia imaginación, condición y normas de pudor. Dios, que sí se interesa en el vestido del hombre, les hizo túnicas de pieles que los cubrieran como debía ser.

A Él le interesa tanto el vestido interno espiritual como también el externo que da honra y hermosura a su nombre. Me refiero al atavío de su Iglesia, su novia bella, única y especial que debe estar ataviada marcando una diferencia de las demás por dentro y por fuera, esperando el retorno de su esposo.

El Antiguo Testamento describe tanto lo que a Dios le agrada como lo que le desagrada. Esto luego es confirmado por el Nuevo Testamento.

El Señor mismo nos dejó estos temas escritos hace miles de años para que lo que vemos hoy en día no nos sorprenda. En efecto, la palabra de Dios nos habla sobre modas, costumbres, ritos, sacrificios, influencias, prohibiciones, castigos. Habla también de tatuajes, de huecos en las orejas, de cabello y de ropa diferente para el hombre y la mujer. Hay citas claras sobre no mezclarse con otros pueblos porque precisamente esto conduce al hombre a asumir costumbres que desagradan a Dios.

Dios es claro en catalogarnos como reyes y sacerdotes para su gloria. Tenemos un lugar muy hermoso y privilegiado frente al mundo que no debemos perder. Me gustan mucho los versículos de la Biblia que hablan de las vestiduras de Aarón y de sus hijos pues puedo mirar en ellos que había un sacerdocio perpetuo que luego nos alcanzaría a nosotros y a nuestras generaciones.

¡Esto para mí es muy grande!

"Y harás vestiduras sagradas a Aarón tu hermano, para honra y hermosura". Éxodo 28:2

"Y tú hablarás a todos los sabios de corazón, a quienes yo he llenado de espíritu de sabiduría, para que hagan las vestiduras de Aarón, para consagrarle para que sea mi sacerdote". Éxodo 28:3.

"Y con la sangre que estará sobre el altar, y el aceite de la unción, rociarás sobre Aarón, sobre sus vestiduras, sobre sus hijos, y sobre las vestiduras de éstos; y él será santificado, y sus vestiduras, y sus hijos, y las vestiduras de sus hijos con él". Éxodo 29:21

"Y las vestiduras santas, que son de Aarón, serán de sus hijos después de él, para ser ungidos en ellas, y para ser en ellas consagrados". Éxodo 29:29.

"Así los consagrarás, y serán cosas santísimas; todo lo que tocare en ellos, será santificado". Éxodo 30:29.

"Mas vosotros sois linaje escogido, real sacerdocio, nación santa, pueblo adquirido por Dios, para que anunciéis las virtudes de aquel que os llamó de las tinieblas a su luz admirable". 1 Pedro 2:9.

Los versos anteriores son solo unos pocos ejemplos de todo lo que dice sobre este hermoso tema, dejándonos muy claro que Dios se preocupa hasta de los más mínimos detalles en relación con nosotros. Se trata de algo de mucha honra, honor y altura donde nuestro padre celestial nos quiere llevar cada día. Aunque a muchos no les guste y desprecien esta enseñanza esto es de mucho valor y agrado y representa algo grande, profundo y de mucho contenido para el Señor. En lo que a mí respecta, me emociona muchísimo saber, entender y comprender TODO lo que este tema implica. Es relevante para creer que mis hijos son y serán de Dios todos los días de sus vidas. Aun cuando nosotros ya no estemos en esta tierra, ellos serán de Dios.

Tal vez te preguntes: ¿Cómo es que ellos serán de Dios con relación a esto aun cuando nos hayamos ido con nuestro Señor? Déjame decirte a ti padre y madre que, con revelación, entendimiento y con conocimiento este tema se convierte en una herramienta poderosísima y de gran ayuda para cimentar, afirmar y sostener a tus hijos en Dios.

Hay un dicho popular que dice: "Pájaro de la misma pluma se entiende". Si vamos a la Biblia podemos leer algo similar en Proverbios 13:20: *"El que anda con sabios, sabio será; mas el que se junta con necios será quebrantado"*.

De la manera en que vistas a tus niños para la escuela o para la calle, así mismo ellos serán atraídos por otros niños que se ven igual a ellos. También serán rechazados por otros niños que no lucen igual, aunque gracias a Dios porque no se les acercaran para dañar sus mentes y corazones, en otras palabras, ellos serán libres de esa influencia negativa.

Esta misma enseñanza revelada a sus vidas estará con ellos todo el tiempo; ella los librará incluso de entrar a lugares donde no deben entrar ya que su forma de vestir les va a generar incomodidad. Si proporcionamos esta enseñanza con revelación y sabiduría a nuestros hijos, ella les marcará sus vidas para siempre y será una gran ayuda que los librará de muchos males.

*Su forma de vestir es la manera visible donde no se necesitan palabras o acciones para mostrar al Dios de poder y amor al mundo.

*Su forma de ser es lo invisible donde solamente con nuestras palabras o hechos es que demostramos al Dios de poder y amor al mundo.

No confundamos nuestra parte interna (el corazón) la cual es lo invisible y sumamente importante para mostrar la salvación de Cristo Jesús al perdido, con nuestra parte externa (el cuerpo) el cual es para honra, hermosura y que representa un testimonio visible de lo que ha hecho en nosotros el poderoso Evangelio de salvación.

Todo esto son revelaciones transformadoras de Dios para el hombre y para la mujer.

Doy gracias a Dios que mis dos hijas Molly y Becky entendieron. Ellas recibieron la revelación que debían hacer una diferencia especial en el mundo en todo sentido, por dentro y por fuera.

Cuando vivíamos en Colombia mi hija Molly era aún muy niña. Ella siempre vestía diferente. En la iglesia muchos tenían que ver con ella por su forma particular de vestir. Cada domingo sus vestiditos combinaban con un sombrerito, una bolsita del mismo diseño y sus mediecitas. Todo lo que ella vestía era bonito y muy especial. Cuando llegamos a los Estados Unidos entró a la escuela intermedia. Allí seguía vistiendo diferente y se distinguía de las demás niñas. Al entrar a la juventud no fue difícil para mí reafirmarle esos conceptos.

Como anécdota les cuento que mi hija se casó y viajó con su esposo a la ciudad de Roma. Antes de irse me dijo:

–Mamá, acompáñeme a comprar ropa para el viaje.
Ella tenía veintiún años y estaba casada. Ya había salido de casa, así que podía comprar lo que quisiera. Pues bien, se compró una prenda que no estaba acostumbrada a vestir y se la llevó con toda su ropa para el viaje. Después que regresó, me dijo:

–Madre, quise ponerme esa prenda, pero cuando salí, no fui capaz de disfrutarla y me toco quitármela y nunca más la usé.

–Hijita, es que usted nunca ha vestido así y sus convicciones son más fuertes, porque su enseñanza no está basada en una religión, capricho o imposición. Está basada en la palabra de Dios– le respondí.
Aquí reafirmo el concepto del diccionario.

El pudor se convierte en un elemento de la personalidad. Quiere decir que es algo tan nuestro que nada ni nadie nos lo va a poder quitar.

Este tema, tan hermoso e importante se recibe mejor cuando el corazón de la jovencita o mujer adulta se ha guardado de resentimientos, amarguras, argumentos propios o impuestos u otras situaciones que le roban la bendición de poder oír la voz de Dios referente a esto.

La fórmula: lo que tú enseñas en la niñez, lo afirmas en la adolescencia y lo reafirmas en la juventud, es vital en la vida de nuestros hijos. Se trata de un continuo aprendizaje de cómo agradar a Dios al ir caminando en este mundo hacia la vida eterna.

Cuando veo a las mamás (pues en su mayoría son las que compran la ropa a sus hijos) vistiendo a sus hijos, en especial a las niñas, sin pudor ni modestia puedo notar que no hay en ellas vergüenza en su forma de marcar o exhibir sus pequeños cuerpos. Estas niñas, a las cuales se les ha hecho tan cómoda y tan normal su forma de vestir, siguen vistiendo así en la adolescencia y adoptan la misma postura al llegar a la juventud. El problema es que ahora sus padres desean que ellas vistan diferente ya que tienen sus cuerpos desarrollados, todas las hormonas alborotadas y unos firmes deseos de salir al mundo a participar de todo lo que este les ofrece.

Debido a que en casa no se afirmaron conceptos ni se dieron instrucciones ni enseñanzas sobre el pudor, la modestia y la vergüenza y se les permitió vestir como quisieron, vemos a los padres pidiendo oración y llorando porque sus hijos o hijas se desviaron de los caminos del Señor.

No podemos enseñar de la noche a la mañana el pudor, la modestia y el vestir decentemente. Es imposible desarrollar el sentido de la vergüenza en la forma de vestir a una edad avanzada cuando la jovencita ya lo concibe como algo normal.

Estos problemas son el resultado de lo que las madres llevan en su corazón, es decir, como sus madres no sienten la libertad para vestir así lo reflejan en sus hijas, permitiéndoles que vistan como ellas quieran.
En otros casos es porque no han tenido conocimiento, por lo tanto, no tienen revelación de las Escrituras sobre la forma de vestir que agrade a Dios.

Muchos padres cierran sus ojos y oídos al tema y prefieren pensar que así se ven hermosas sus niñas pequeñas, ignorando que estas crecerán y ahí llegarán los problemas.

En la casa, en la calle, en la iglesia y donde estemos debemos mostrar el pudor y la modestia. Es fácil cuando se ha convertido en un elemento de la personalidad, entendiendo que nos da honra y hermosura para el presente y que se aferra a nuestro corazón para la eternidad.

"Y bienaventurada la que creyó, porque se cumplirá lo que le fue dicho de parte del Señor". Lucas 1:45.

Tenemos una bienaventuranza para las madres y los padres que creen. Me refiero a aquellos que se aferran al cumplimiento de la palabra de Dios que les ha sido dada a sus hijos. Eso es lo que Dios quiere para nosotros, un sacerdocio y un linaje especial y diferente. Debemos ser la luz del mundo por dentro y por fuera.

Me gozo al ver a mi hija Molly siguiendo las mismas enseñanzas y aplicándolas a sus hijitas. Esto me llena de alegría porque el sacerdocio es generacional y perpetuo, en otras palabras, esto es para la eternidad.

"Mujer virtuosa, ¿quién la hallará? porque su estima sobrepasa largamente a la de las piedras preciosas". Proverbios 31:10.

Así como la mujer es comparada en valor a una piedra preciosa, también su propia estima, modestia y pudor deben brillar en su forma de vestir, de ser y de comportarse. Ella es una gema hermosa y valiosa, una joya que brilla con su luz propia y por lo tanto no necesita tener luz ajena, prestada o de imitación. Ella, al ser única y diferente a las demás, es más valiosa y especial, pues así son las joyas preciosas de nuestro Señor Jesús.

Las mujeres somos hermosas creaciones de Dios. Somos sus hijas amadas, su especial tesoro y sus reinas. Tenemos un lugar especial en el cuerpo de Cristo, que es su iglesia. Nosotras embellecemos el Evangelio en todo. Por dentro y por fuera somos testigos del poder de Dios.

"No defraudando, sino mostrándose fieles en todo, para que EN TODO ADORNEN la doctrina de Dios nuestro Salvador". Tito 2:10.

Cuando creo obedezco, pues EN EL CREER HAY HERMOSURA.

CAPÍTULO 26

En El Creer No Hay Conflictos

ELLOS SON ALEJADOS

"Este mal hay entre todo lo que se hace debajo del sol, que un mismo suceso acontece a todos, y también que el corazón de los hijos de los hombres está lleno de mal y de insensatez en su corazón durante su vida; y después de esto se van a los muertos". Eclesiastés 9:3

"Estas cosas os he hablado para que en mí tengáis paz. En el mundo tendréis aflicción; pero confiad, yo he vencido al mundo". Juan 16:33

No podía dejar este tema por fuera ya que considero muy importante entender que mientras estemos en esta vida tendremos luchas y dificultades de formas diferentes.

No obstante, depende de nosotros cómo los manejamos y hasta donde nos dejamos llevar emocional, mental y físicamente por esos acontecimientos que llegan a nuestras vidas. La actitud y determinación que tomemos ante los problemas marcará la diferencia. Se trata entonces que las circunstancias que para unos son más terribles y para otros no tanto no cambien nuestro corazón trayendo amargura a nuestra alma, zozobra mental o reacciones negativas.

Fuimos creados con la fuerza para tomar determinaciones radicales y firmes, mucho más cuando tenemos el conocimiento de la palabra de Dios. Ella nos enseña que todas estas luchas, pruebas y dificultades no nos podrán vencer porque cuando nuestras fuerzas humanas se acaban podemos clamar al único que nos da nuevas fuerzas; aquel que nos dice que: *"Él da esfuerzo al cansado, y multiplica las fuerzas al que no tiene ningunas. "Pero los que esperan a Jehová tendrán nuevas fuerzas"*. Puedes ser más que vencedor en todas aquellas cosas que quieren dañar tu vida y de paso destruir a los que te rodean.

Este capítulo es primordial si nuestro objetivo es tener unos hijos sanos, mental y emocionalmente, llenos de la presencia del Señor Jesús y firmes en sus caminos hasta el fin de sus días.

A través de mis años de vida he podido observar con dolor a muchas personas en varios lugares que iniciaron en el Evangelio con la esperanza de poder conducir a sus hijos pequeños hacia Dios, pero su mal proceder y sus actitudes equivocadas ante las circunstancias diarias hicieron que estos niños se perdieran y tuvieran finales muy tristes. Por eso me atrevo a escribir con libertad y propiedad estas palabras.

La gente maneja los conflictos de acuerdo a su nivel espiritual, social e intelectual; así que cada familia maneja sus problemas de formas diferentes.

Si somos personas con algún nivel intelectual asumiremos las dificultades con otra mentalidad, usando el conocimiento que hemos adquirido. Aquellas que no tienen ninguna preparación, que no se han preocupado por leer libros o aprender más sobre relaciones, emociones o conflictos, reaccionarán de forma distinta.

Una persona con un nivel socioeconómico alto afrontará sus problemas de una manera distinta a aquel que no lo tiene. Los conflictos son de una forma u otra según el estrato social, es decir, alguien pudiente tendrá herramientas para enfrentar sus problemas, las cuales no estarán al alcance de una persona con menos holgura.

En el ámbito espiritual también es igual. Una persona con una buena espiritualidad manejará sus conflictos, canalizándolos en ese Dios que nos dice: *echando toda vuestra ansiedad sobre él, porque él tiene cuidado de vosotros.*

De todas formas, ya sea que seamos intelectuales, pudientes o espirituales, hay algo que debemos entender: hay que trabajar en los conflictos que diariamente llegan a nuestras vidas. Al hacerlo, debemos tratar que nuestros hijos no se impregnen negativamente. Es importante mantenerlos alejados lo más que nos sea posible de cualquier situación difícil que estemos viviendo.

Ellos son seres creados por Dios y nos han sido entregados por un corto tiempo. Depende de nosotros hacer de ellos hombres y mujeres estables, seguros y llenos de confianza. Nuestra labor implica darles el conocimiento que hay un Dios soberano que ayuda en todo tiempo a papá y a mamá a resolver sus conflictos y que de la misma forma les ayudará cuando lleguen los tiempos de crisis.

Durante quince años mi esposo fue un hombre inconverso. Ya se podrán imaginar los problemas y aflicciones que esto traía a mi vida. Pensábamos, anhelábamos y obrábamos de maneras muy diferentes. Allí se cumple la palabra de Dios donde dice: *"No os unáis en yugo desigual con los incrédulos; porque ¿qué compañerismo tiene la justicia con la injusticia? ¿Y qué comunión la luz con las tinieblas?".* 2 Corintios 6:14.

Esta palabra es verdadera y me tocó vivirla. Lo único que me ayudó a no mezclar mis propios conflictos de pareja, fue entender que mis hijos no tendrían por qué ver ni oír ni saber qué estaba pasando en nuestra vida matrimonial. Aun así, no podíamos evitar que mis hijos mayores, a medida que crecían, se dieran cuenta de que papá venía tarde a casa, que no nos acompañaba a la iglesia, que no oraba o que no leía la biblia con nosotros en nuestros altares familiares, entre otras cosas. Era claro que papá tenía algunos comportamientos o costumbres diferentes a lo que veían en su abuelo cristiano, en los hermanos de la iglesia y en su madre. No obstante, trate de evitar involucrarlos directamente en nuestras discusiones, lo cual hubiera sido desastroso para ellos, impidiéndoles que la obra que Dios quería hacer en ellos se llevará a cabo.

Recuerdo una historia que vivimos con mis padres cuando eran misioneros. Había un médico que se había separado de su esposa y tenían un niño de más o menos ocho años. El hombre se casó con otra mujer. Esta solía decirle al niño cosas malas de su mamá y la mamá hacía lo mismo. Así se pasaban todo el tiempo, haciéndole la vida muy triste y confundida al pequeño. Al no saber qué hacer ni cómo manejar los conflictos de adultos, el niño agarró el arma de su papá y se quitó la vida.

El amor de un niño es puro y limpio para con su papá y su mamá. Debemos entender que él no capta el problema o conflicto que tengas con tu cónyuge. Por más que queramos explicarle el dolor o la inconformidad que tengamos con papá o con mamá, el niño no lo entenderá ya que lo único que tiene claro es que necesita y ama a sus padres.

Pienso que esta clase de sucesos se convierte en una trampa que el enemigo usa para destruir a nuestros niños y robarles su fe. Sucede que ellos ven a sus padres sumergidos y enredados en sus propios conflictos mientras que, de otro lado, sienten la imperiosa necesidad de tener una figura paterna y materna que le proporcionen balance. Los padres les hacen un daño terrible al involucrarlos en sus problemas cualesquiera que sean, ya que les roban el respeto y la admiración hacia estas figuras. El resultado es un niño que se levantará con enojo, ira, frustración, tristeza y confusión. Muchos de ellos preferirán aislarse en un mundo de gran soledad. Al llegar a su adolescencia posiblemente manifestarán todo esto, reaccionando de una manera muy complicada y difícil de manejar.

Muchos padres usan la frase: Es que están en la adolescencia. Sí, yo entiendo que la adolescencia es un tiempo muy duro y difícil donde uno no sabe ni quién es. El adolescente se hace preguntas como ¿Soy adulto o soy aún un niño? ¿Cómo me visto? ¿Cómo reacciono ante mis hormonas alborotadas? El caso es que, si a toda esta confusión de la edad le agregamos nuestros propios conflictos, muchos de los cuales el niño ya ha recogido desde sus primeros años, entonces formaremos a un adolescente conflictivo y muy difícil de educar, en consecuencia, tendremos como resultado un joven totalmente confundido que se perderá en el mundo de pecado sin salvación.

Cuando creemos que nuestros hijos son de Dios los llevamos hacia un meta, los conducimos hacia un propósito grande y especial, como es la salvación de sus almas; los guiamos a ese enamoramiento y pasión por quien es nuestro Dios y logramos entrarlos a ese conocimiento de ese mover vivir y respirar en Dios.

Es importante entender que podemos ir al Señor con nuestras cargas cada día. En Él podemos depositar, entregar y soltar esa ansiedad.

"Venid a mí todos los que estáis trabajados y cargados, y yo os haré descansar". Mateo 11:28.

"Echa sobre Jehová tu carga, y él te sustentará; no dejará para siempre caído al justo". Salmos 55:22.

En Dios encontramos respuesta al conflicto que no hemos podido manejar. Es en su presencia donde recibimos la paz, el gozo, el amor. Teniendo esto en nuestras vidas evitaremos que nuestros hijos escuchen o vean pleitos ocasionados por celos, iras y contiendas. Las armas poderosas en Dios, como el Espíritu Santo que nos reviste de poder, la oración donde tendremos una vida sostenida en Jesús, la lectura de la Biblia que nos proporciona dirección en los momentos donde todo parece un caos y no sabemos qué hacer; qué hermoso cuando todo esto hace parte de nuestro diario vivir ya que ello nos traerá seguridad y firmeza en la promesa de que "nada ni nadie nos impedirá llegar a la meta". Podemos entonces decir:
"Antes, en todas estas cosas somos más que vencedores por medio de aquel que nos amó". Romanos 8:37.

En Dios somos más que vencedores, pero esa victoria implica obtener sabiduría divina. Es importante entender que cuando logramos separar los problemas personales y no les permitimos tocar la vida de nuestros niños, somos sabios. No debemos permitir que esto se filtre a sus corazones y destruya la hermosa relación de nuestros hijos con Dios. Hagamos lo posible para que los conflictos no se mezclen y produzcan una guerra diaria en nuestro hogar. Recordemos que los más beneficiados o afectados serán nuestros hijos.

Por lo tanto, mi querido lector, deja eso. No abraces el dolor, no recuerdes si me hizo o no, si me dio o no, si me dijo o no. Deja pasar esa amargura. No es tuya. No te pertenece. No le permitas adueñarse de tu corazón, mente y vida.

Esa arma diabólica puede destruir con el tiempo tu vida y tu hogar.

Yo sé que no es fácil. Llevo cuarenta y dos años de casada y desde muy joven me hice a la tarea de fortalecer y sostener mi hogar. Lo he hecho en las buenas y en las malas, con altos y bajos, con luchas y dificultades. No permití jamás que mis hijos mirarán una mamá débil espiritualmente o derrotada.

Mis hijos nunca me vieron amargada, resentida o llena de murmuraciones y contiendas con nadie, al contrario, ellos veían una mujer victoriosa pues aprendí a esconderme, refugiarme y fortalecerme en el Señor Jesús. Él fue, es y sigue siendo mi TODO.

"Mi escondedero y mi escudo eres tú; En tu palabra he esperado". Salmos 119:114.

Agradezco a mi Señor, pues siempre encontré en Él un refugio para acudir en mis más duras tormentas. Él fue mi escudo donde rebotaban todas las flechas que querían hacer tambalear mi estado espiritual y emocional, por eso animo a los padres a que tomen control de sus emociones, de sus conflictos y no inmiscuyan a sus hijos en ellos de ninguna manera.

"Porque no nos ha dado Dios espíritu de cobardía, sino de poder, de amor y de dominio propio". 2 Timoteo 1:7.

El Señor Jesús nos ha dado autocontrol. Con su ayuda podemos lidiar con todo eso, que no solamente viene a dañarnos a nosotros como padres, sino también a nuestra generación reflejada en nuestros hijos.

Reitero una vez más, por favor, padres hagamos separación de los conflictos que la vida diaria cotidiana trae a nosotros, de la vida de nuestros hijos; así guardaremos su mente y su corazón.

Cuando creemos que Él es nuestro TODO, encontramos sentido y lugar, encontramos protección y esperanza en Dios; entonces, no importa si hay que esperar días o años. Sus promesas son una realidad pues su Palabra no miente. Esa es la confianza que tenemos, la cual alimenta nuestra fe, por ello, los conflictos pueden ser canalizados de la forma correcta.

La Biblia dice: *"En el mundo tendréis aflicción...",* así pues, debemos depositar toda angustia en el lugar correcto y en la persona correcta: a los pies de nuestro Dios. Él nos ayudará a salir victoriosos. Por eso también las Escrituras añaden *"... confiad, yo he vencido al mundo".*

Recordemos que Él venció y nos ha dado el poder y la autoridad para vencer. ¡Con Él somos plenamente vencedores!

Entonces, cuando creemos podemos manejar y encauzar esos conflictos.

Por eso...
EN EL CREER NO HAY CONFLICTOS.

CAPÍTULO 27

En El Creer Hay Tiempo

NUESTRO TRABAJO

"Todo lo hizo hermoso en su tiempo; y ha puesto eternidad en el corazón de ellos, sin que alcance el hombre a entender la obra que ha hecho Dios desde el principio hasta el fin". Eclesiastés 3:11

He dejado para el final el tema del tiempo porque lo considero hermoso.

Te agradezco mi querido lector o lectora porque has seguido las enseñanzas bíblicas que he aplicado a mi vida. Todos los que han pasado tiempo conmigo a través de esta lectura han visto que he sacado el tiempo para compartir mis propias experiencias como madre. He hablado de cómo he llorado, intercedido, buscado, viajado, trabajado, movido, estorbado, sacrificado y muchas cosas más, con el fin único y firme de que mis hijos fueran de Dios todos los días de sus vidas, sin apartarse ni a la derecha ni a la izquierda. En este recorrido hay un factor muy importante que no sé si tú te hayas preguntado: ¿cómo esta mujer ha tenido tiempo para todo esto?

Déjame decirte que cuando el propósito es más fuerte que la razón, uno no se detiene a pensar en el tiempo que tiene o no para lograr su objetivo, mucho menos si ese objetivo es para la eternidad.

"Todo tiene su tiempo, y todo lo que se quiere debajo del cielo tiene su hora". Eclesiastés 3:1.

El Señor Jesús me dio la bendición de tener conocimiento y valor para emprender mis propios negocios, aun teniendo a mis hijos pequeños. Fui bendecida y prosperada, como toda una hija de Dios, en todo lo que emprendía; por lo tanto, tenía la forma de organizarme para dedicar tiempo a mis hijos según ellos lo necesitaban. Todo tiene su tiempo y todo tiene su hora.

En mi orden de prioridades los negocios nunca fueron primero. Hasta el día de hoy mi Dios no me ha faltado, ni fallado.

"Mas buscad primeramente el reino de Dios y su justicia, y todas estas cosas os serán añadidas". Mateo 6:33.

"Deléitate asimismo en Jehová, y él te concederá las peticiones de tu corazón". Salmos 37:4.

Así que siempre hice todo para ser lo más obediente posible a su Palabra, porque cuando Dios habla y enseña no podemos hacer oídos sordos y rechazar su voz.

¿Quién contendió con Dios y le fue bien? como escribe Job 9:4: *"Él es sabio de corazón, y poderoso en fuerzas; ¿quién se endureció contra él, y le fue bien?".*

Eso es así. Es como 1+1=2. Esto no se puede cambiar. Entonces, a pesar de mis compromisos, mis responsabilidades y mis deberes, no era una opción si quería o no buscar de Dios. No se trataba de si me sobraba tiempo o no. El tiempo para Dios no era negociable en mi vida, y menos el tiempo para Dios en la vida de mis hijos. Ellos eran los más beneficiados en todo esto.

Cuando nos mudamos a los Estados Unidos y mis primeros cuatro hijos eran adolescentes, mi primera reacción fue buscar un trabajo que pudiera hacer en casa. Muy recién llegados empezamos un pequeño negocio casero pero el espacio en el que vivíamos era muy limitado, así que mejor decidimos dejarlo. Dios, que es bueno y concede los deseos del corazón, guió a mi madre para conseguir una agencia donde necesitaban padres sustitutos o padres de crianza de niños que no podían estar con los suyos por una u otra razón. Así que hicimos los estudios pertinentes, las horas de entrenamiento, los primeros auxilios y todo lo requerido para hacer este trabajo.

Así empezó Dios a ayudarnos en ese país desconocido para nosotros. Debo señalar que en Colombia gozábamos de muchas bendiciones materiales, pero como Dios es un Dios de promesas y está con nosotros donde vayamos y nos prospera donde estemos (si es que le somos fieles a Él y cumplimos sus mandamientos), comenzó a bendecirnos una vez más. Nos organizamos en una casa grande y compramos carros para el trabajo de mi esposo y el mío con los niños.

Como anécdota, les cuento que cuando mis padres empezaron su trabajo formando la iglesia de Whittier en California, la mayoría de nuestra familia, junto a unas hermanas colombianas, entramos al sistema de niños de crianza. La iglesia se llenaba por todas partes de cochecitos donde sentábamos a los niños. No faltábamos a ayunos, a vigilias, a los matutinos de las cinco de la mañana porque sacábamos el tiempo para Dios. En mi casa había cuatro hijos propios y tres niños de crianza. También saqué licencia de guardería y a veces tenía conmigo hasta quince niños en casa.

Pero nada de esto nos detuvo para sacar el tiempo para nuestro Dios que era el que nos proporcionaba la bendición. Él nos acompañaba y protegía en el trabajo tan delicado con esos niños, muchos de los cuales llegaban con muchos traumas. Había que lidiar también con padres difíciles y trabajadores sociales entre otras cosas.

Tiempo después nos fuimos a Canadá y allí también servimos a Dios con todo nuestro corazón, alma, mente y fuerzas.

Dios ha sido bueno y lo seguirá siendo porque Él es fiel para los hijos que permanecen fieles a Él.

Me han salido muchas propuestas de negocios y formas de conseguir mucho dinero, pero para mí lo más grande en mi vida es amar, seguir y servir a mi Dios. Mucho más ahora que ya no tengo niños pequeños en casa.

Mi última niña, Becky, ya es toda una señorita. Ella es muy independiente y fiel al Señor. Creo que ha heredado la misma pasión de su abuela y de su madre para el servicio a Dios.

Tengo un firme deseo de terminar mis últimos días de vida sirviendo a mi Señor Jesús en lo que me permita hacer junto con mi esposo, mis hijos y mis nietos. Todos, como familia sacerdotal que somos. Estamos cada día más enamorados y apasionados por Dios.

Muchos podrían pensar o decir: ¡Qué suerte la que tuvieron! otros podrían decir: ¡Qué bueno que ustedes lo lograron! Como si eso hubiera sido una casualidad o algo que salió tronando los dedos. Pues déjame decirte que no fue así.

Como lo leyeron en los capítulos anteriores, la forma o manera como he vivido y he creído (y sigo creyendo) declara que sí se puede llevar los hijos a Dios.

El Evangelio es la más preciosa y valiosa herencia que alguien como padre puede dejarle a su hijo. Una herencia que nunca se acaba, pues es eterna.

¿Existe una fórmula? Desde luego que sí. Ya lo he demostrado en mis cinco preciosos hijos, los cuales son muy diferentes en sus razonamientos, deseos, características y edades. Todos ellos son tan diferentes como los dedos de la mano, sin embargo, mi Dios es el mismo de generación en generación, por los siglos de los siglos. A Él no le sorprende nada ni nadie porque no cambia ni envejece ni se moderniza. Él es un ser Todopoderoso, lleno de amor y de misericordia que nos ha dejado el manual más perfecto que podemos encontrar en la vida. Ese documento, que es la guía, la brújula y la luz que ilumina nuestro diario vivir. Allí está la mejor fórmula y las mejores tácticas para ganarle la batalla al enemigo y poder decir con propiedad: mis hijos le pertenecen a Jesús por encima de todo lo que el mundo les quiere hacer creer. Ellos son y serán de Dios todos los días de sus vidas.

Quiero animarlos a hacer este trabajo con dedicación, integridad, ejemplo y sacrificio.

Vale la pena ser decisivos, esmerados en cuidar siendo perseverantes en la fe y creyentes acérrimos que nuestros hijos son de Dios. El que cree y obra en esa fe logra mover el corazón de Dios y obtiene al final ese objetivo tan deseado: llevar esos hijos desde que nacen hasta que se hacen adultos a los pies de Cristo.

No desmayes en creer firmemente que ellos llegarán victoriosos hasta el fin de sus días.

Yo no creo en las casualidades. Creo en un obrar de fe y certeza.

¡Ánimo! ¡Yo pude, tú también puedes!,

porque estamos…
CRIANDO HIJOS EN TIEMPOS DIFÍCILES.

Si crees que puedes, puedes.

"Jesús le dijo: Si puedes creer, al que cree todo le es posible". Marcos 9:23.

**Para ordenar libros o contactar a la autora.
Escribir al siguiente correo:
autorarebecar@gmail.com**

www.ingramcontent.com/pod-product-compliance
Lightning Source LLC
Chambersburg PA
CBHW071656090426
42738CB00009B/1541

Contents

Inside the Wicker Man — 2
Peter Paddon

The Origin of the Word "Witch" — 3
R.J. Thompson

Witch's Ritual For Getting Rid of Evil Magic - "Ku Potula" — 7
Radomir Ristic

Tapping the Bone — 10
Peter Paddon

Morning — 12
Hedgewizard

Usage of Animals and Animal Body Parts in Traditional Witchcraft — 12
Radomir Ristic

Candlemas and the Land Ceremonies Charm — 15
R.J. Thompson

Cosmic Soup and the Mighty Dead — 21
Peter Paddon

The Rite of Candlemas and the Land Ceremonies Charm — 23
R.J. Thompson

Blacksmith as Magus — 28
Radomir Ristic

Celtic Nine Poems — 29
Peter Paddon

As I Do Will It — 32
Ann Finnin

Walking the Crooked Path — 34
Peter Paddon

Turning The Hand of Fate — 36
Raven Womack

Making a Traditional Witches' Besom — 41
Peter Paddon

The Crooked Path Journal, Issue 1, Spring 2008. Edited by Peter Paddon, published by Pendraig Publishing © 2008
All rights reserved.
ISBN 978-0-9796168-8-4

Welcome to the first issue of the Crooked Path Journal. This is a magazine written by and for practitioners of the various forms of Traditional Witchcraft. Whether you are a Celtic Reconstructionist, Family Trad, Faerie, Cunningfolk or any other type of Crafter, I hope that you will find something of value here. And if you can make a contribution with an article, poem or artwork, that is even better!

So why produce a printed magazine in this age of websites and podcasts? Well, we do the websites and the podcasts too, but there is something about the printed page... knowledge that can be taken anywhere, read anywhere. Personally, I'll read stuff on a monitor if I have to, but I prefer to read books and magazines, and not just because of eyestrain. There's a magic bound up within the covers of a book, that is why there are so many tales of magical, powerful books. So I decided in my madness to create this journal, because nobody else had. As far as I am aware, this is the only periodical in print that caters specifically for Cunningfolk and Crafter of the Old Persuasion, rather than Wicca and neo-Paganism.

So sit back, relax, and read some interesting articles, written by people who do their best to live and breathe the Old Ways.

Bendith,

Peter Paddon
Los Angeles, CA
Spring 2008

Inside The Wicker Man

by Peter Paddon

In September of 2000, Raven's Flight store in North Hollywood sponsored a unique event nestled in the mountains of the Angeles Crest Forest - a Pagan version of the old European harvest Festivals, complete with all the traditional characters, Punch and Judy, the Snapping Dragon, the 'Obby 'Oss, and of course, the Wicker Man. I was the lucky soul who got to bring the Wicker Man to life, and this is my account of a magickal day in the mountains.

The week or two leading up to the Festival were pretty hectic. Linda and I - along with other crew members - put in some very late nights at the store making things for the Festival. Linda sewed up a storm making aprons and shirts, and helping some of the others with their costumes as well as making her own (she was the Witch). I found myself making various masks, trying on my costume - the Wicker Man - and occasionally helping our Magister with his horse.... Well, mostly lending moral support while I waited for a mask to dry. So by the time we arrived at the campsite on Friday afternoon, we were pretty worn out.

We found the site swathed in mist with a steady drizzle of rain, which was fine for me as I spent most of my youth camping and hiking in the Mountains of Snowdonia in Wales, so wet and foggy was something I always associate with camping. Some of the crew were finding it difficult to handle the weather, but as we got into the spirit of things even the most hardened hedonist found themselves starting to anticipate the coming event with pleasure, whatever the weather. Saturday saw a flurry of effort as we finished setting up and started receiving the guests for the event. I have to admit I really got into calling everyone to the opening rite, parading around the road with drummers in tow.

Then the festivities began in earnest as everyone split off to make masks, banners and wreaths. For those of you who were wondering, I was the large guy in the kilt at the mask-making table who had an English accent. Finally the time came for the ritual and procession, and I climbed into the Wicker Man as Raven and the Magister went to call everyone to the communal drink. It was initially a relief to be standing still - I'd spent the last hour painting faces, helping adjust costumes, and painting a map of the world on someone's stomach. But I found the weight of the Wicker Man really began to grind into me, and by the time everyone was assembled for the rite, I was seriously contemplating ripping my way out of the costume and pleading for mercy. But I knew that, as the centerpiece of the rite, this would really spoil the event, so I made a conscious decision to endure all for the rite.

Suddenly, the pain and pressure of the Wicker Man faded away, and I found myself in a dream state. I'm told that people who knew me spoke to me when they tied their ribbons onto the Wicker Man, but I don't remember hearing them. Then the bagpipes struck up, and we were moving. You have to remember that my vision was extremely limited in the costume. My glasses had fallen off and were resting on my chest, and the limited view I had through the chest of the costume gave me little more than a blurry sight of a piper's shoulder.

I had two handlers who muttered 'left' and 'right' to me in an attempt to keep me on the path, but I was floating so far away that I barely heard them. Luckily my altered state brought an unexpected benefit. Whenever a fairy or creature was nearby, I could see clearly. It was as if the Wicker Man costume - already rendered weightless by my trance - became part of me and I could see out of his eyes. But the scene I saw was only 'accurate' in the sense that the trees and people I saw were where the physical things were. What I say was a dirt path weaving through a great Oak forest, and the characters were real fairies and animals, not people in costume. I also saw other 'fair folk', 'shining ones' or whatever you want to call them, and heard distinctly a flute joining the pipes and drums.

In next to no time we had completed the circuit, and I was led to the fire pit while everybody else went for another drink. Now came the part that Linda had been worried about - getting out before they set fire to the Wicker Man. My 'handlers' took the weight of the costume and I just dropped to the ground and crawled out as they mounted him on his pole in the firepit.

The plan was that I would then join the crowd in the rite and 'blend in', but I was too disoriented for that. I didn't know where I was, and hardly knew who I was. Part of me was still in the Wicker Man. I ended up standing by one of the crew as the Magister brought the fire to the pit, and we stood together and watched as they ignited the Wicker Man. I was all ready to cheer with everyone else, but as he caught and the flames took hold, I found myself sobbing my heart out on the crewmember's chest.

The part of me that was still in the Wicker Man entered the Mound with him, and only gradually separated as we walked down a tunnel towards a bright light. At last, I was totally separated from him as he stepped over a line on the floor. I knew that if I stepped over the line I would not return, and I was mere inches away from the line. Suddenly I felt buffeted as I heard and felt - but did not see - what seemed like a horde of small laughing children pushing past me to accompany the Wicker Man to his destination. He turned and bowed to me, and then continued on. I found myself standing by the fire pit with tears streaming down my face, being held by an equally tearful crewmember.

Then the Magister joined us and cried too, before grabbing me and leading me in a frantic dance by the burning Man, bringing a sense of great elation and completion. Suddenly I found that I had no strength left in me, and stumbled away. Three people, intent on making sure I shared the libation, each brought me a glass of Guiness, and I downed all three, Then Linda led me back to the campsite to sit and catch my breath before we moved on to the feast.

That night I found a strong need to be among 'my people', and moved from area to area, sharing hugs and kisses with any who would have them, and finishing up at the feast